LETTRES

SUR LA ROUTE

DE

GENEVE A MILAN.

*On trouve chez le même Libraire l'ouvrage
suivant du même Auteur.*

Genève et les Genevois, 1 v. in-12, 2 fr. 50 c.

De l'Imprimerie de J. J. Paschoud.

LETTRES
SUR LA ROUTE

DE

GENÈVE A MILAN

PAR LE SIMPLON,

ÉCRITES EN 1809,

PAR GEORGE MALLET.

DEUXIÈME ÉDITION, CORRIGÉE ET AUGMENTÉE.

PARIS,

J. J. PASCHOUD, Libr., rue Mazarine,
n.° 22.

GENÈVE,

Même Maison de Commerce.

1816.

LETTRES
SUR LA ROUTE
DE GENÈVE A MILAN.

~~~~~~~~~~~~~~~~~~~~~~~~~~~~

LETTRE PREMIÈRE.

<div align="right">Genève.</div>

MONSIEUR,

Vous voulez connoître les détails du petit voyage que je viens d'achever : la nouvelle route du Simplon a droit, en effet, d'exciter la curiosité. Je vous envoie mon journal ; il pourra vous être de quelque utilité, si vous désirez un jour faire cette course.

Je ne m'arrêterai point sur l'histoire de Genève, sur la forme de son gouvernement, sur les hommes distingués qu'elle a produits ; de pareils détails

<div align="right">1</div>
~~~~~~~~~~~~~~~~~~~~~~~~~~~~

n'entrent pas dans la tâche d'un voyageur ; ils sont d'ailleurs, je l'espère, assez connus pour que je ne sois pas obligé de les répéter.

La longue résidence de Calvin dans Genève, devenue la métropole du protestantisme ; les établissemens d'éducation qu'il y fonda, l'industrie de ses habitans ont acquis à cette ville une grande réputation : les noms de J. J. Rousseau, de Bonnet, de de Saussure, et de bien d'autres savans, sont connus de tout le monde. La situation de Genève est remarquable ; les étrangers s'y rendent en grand nombre ; les peintres et les amateurs d'histoire naturelle y sont attirés par les beaux sites et les productions de tout genre du pays qui l'entoure. Elle est située sur le Rhône, au bord d'un lac qui inspira le génie de deux auteurs célèbres, J. J. Rousseau dans son Héloïse, et Voltaire dans son Épître à Mme Denis, écrite de sa campagne des Délices.

Nous partîmes de Genève le jour d'une fête consacrée à la navigation, que les habitans célèbrent tous les ans par une promenade sur l'eau *. Désirant en être les témoins, nous nous embarquâmes dans l'après-midi pour aller coucher à un village situé à une

---

* Par un usage antique, les corporations joyeuses qui s'exercent, dans la belle saison, au tirage du mousquet ou de l'arc, sont présidées par des chefs ou rois, qui acquièrent cette dignité, non par élection ou par droit de succession, mais par leur adresse à frapper le plus près du but. Il y a des rois de *l'arquebuse*, de la *navigation*, et des commandeurs de *l'arc*. Leur règne paisible est signalé par des fêtes annuelles, que les premiers Magistrats honorent de leur présence, et qui attirent un nombreux concours de spectateurs.

demi-lieue seulement de la ville. Le temps étoit tel qu'on pouvoit le désirer : la pureté du ciel, la beauté des rivages attiroient déjà notre admiration.

Au dessus de ces bords qui s'avancent en promontoires, se creusent en golfes, et sont partout couverts de jolies maisons de campagne, nous voyions s'élever d'un côté la longue chaîne du Jura ; de l'autre, les rochers brûlans et arides de Salève, les pentes cultivées de Montoux, les forêts et les pâturages des Voirons ; les cimes lointaines des Glaciers paroissoient couvertes de neige ; on remarquoit le pic inaccessible du Drù, le dôme éclatant du Buet et le Mont-Blanc s'élevant au-dessus de cet amphithéâtre de montagnes.

A peine étions-nous sortis du port, que nous découvrîmes une barque

remplie d'une foule joyeuse qui s'é-
loignoit du rivage, où l'on avoit tiré au
blanc. Un repas fort gai avoit eu lieu
après la distribution des prix. Ce bâtiment étoit suivi d'un grand nombre
de plus petits ; de toutes parts il en
arrivoit de nouveaux, et bientôt une
partie du lac fut couverte de bateaux
de toutes grandeurs, peints de couleurs différentes, ornés de banderolles
brillantes. Les terrasses et les maisons
du rivage étoient remplies de spectateurs. Les mouvemens des différentes
parties de cette flotte ne se faisoient
pas sans occasionner quelque désordre : tandis que les équipages se cher-
chent et se reconnoissent, les proues
se choquent, les rames se croisent ;
une barque pesante vient heurter un
léger esquif, le repousse violemment,
le fait pencher, et le conducteur de
la nacelle parvient avec peine à la re-
mettre en équilibre.

Lorsque le soleil a disparu, que les rivages commencent à se couvrir de ténèbres, et les neiges des montagnes de cette teinte rose dont elles se colorent au crépuscule, la scène change; une musique douce se fait entendre. A l'instant le bruit et les cris cessent; on retire les rames, les bateaux sont immobiles; le calme de la soirée, le bruit des flots qui se brisent contre les proues, inspirent un sentiment de mélancolie à ceux qui venoient de se plaire au milieu des cris et du tumulte.

Nous nous éloignons à regret, et dirigeons notre bateau vers la côte de Cologny. La flotte regagne la ville : au milieu des ténèbres dans lesquelles elle s'enfonce, nous distinguons la trace brillante qu'elle a sillonnée sur les eaux; tout-à-coup des serpentaux, des fusées s'élèvent dans les airs, y éclatent, retombent en une pluie de feu qui vient couvrir les bateaux et s'éteindre dans les ondes; les rivages sont éclairés, des colonnes de feu se peignent dans les flots à côté de la lumière pâle et tremblante des étoiles; plusieurs coups de canon se font entendre; la flotte est entrée dans le port.

La forme du lac de Genève est à peu près celle d'un croissant. Sa longueur, mesurée sur la rive septentrionale, est de 18 lieues et $\frac{3}{4}$; mais cette même distance, mesurée en ligne droite par-dessus le Chablais, n'est que de 15 lieues. Sa plus grande largeur, qui est entre Rolle et Thonon, est de 3 lieues et $\frac{1}{4}$. Le Rhône, qui entre dans le lac près de Villeneuve, en sort à Genève : à son embouchure, c'est un torrent chariant des débris de bois, des amas de pierres, en harmonie avec le pays sauvage qu'il vient de

traverser et avec les cabanes qui s'é-
lèvent sur ses rives; à Genève, c'est
un beau fleuve qui coule avec majesté
au pied des édifices et des maisons de
campagne.

Les montagnes qui bordent le lac
présentent des aspects différens : du
côté de la Suisse , les collines du
Pays de Vaud se couvrent de riches
vignobles, qui ont répandu l'aisance
dans toute la contrée; de jolies villes,
une multitude de villages paroissent
au milieu de ce pays bien cultivé. Du
côté de la Savoie, s'élèvent des montagnes plus variées , mais moins fertiles; des rochers immenses couverts
d'épaisses forêts semblent se précipiter dans le lac, et réfléchissent dans
les eaux leurs masses noirâtres, cou-
ronnées de pics inaccessibles. La nature , dans ces lieux, n'a point été
changée par les simples et pauvres
paysans qui les habitent.

On ne compte sur les bords de la Savoie que deux villes : la première est Thonon ; cette ville fut prise par les Bernois en 1536, et retourna, quelques années après, à ses anciens maîtres. Les habitans de Thonon, sujets des Bernois, furent protestans, et redevinrent catholiques sous le Duc de Savoie ; ils eurent successivement pour pasteurs Froment et François de Sales. La place du château est dans une situation remarquable ; on aperçoit à quelque distance le couvent de Ripaille.

La grandeur de ce monastère et la beauté de son parc y attirent les voyageurs : Amédée VIII y avoit fondé un prieuré d'Augustins. Ce Prince, dégoûté de la puissance et du monde, ayant résolu de s'y retirer, convoqua à Ripaille, le 7 novembre 1434, les états du Duché : leur déclara son projet , et nomma son fils Lieutenant-Général de ses provinces.

Amédée, au milieu d'une cour choisie, dans une retraite délicieuse, délivré de l'étiquette gênante de la cour, jouissoit de toutes les douceurs de la vie d'ermite, sans en connoître les austérités.

On s'occupoit alors à rapprocher les églises grecque et latine ; un concile avoit été assemblé dans ce but à Bâle ; le pape Eugène IV, après en avoir reconnu l'autorité, avoit voulu le dissoudre, et lui avoit opposé un autre concile assemblé à Ferrare : les pères réunis à Bâle, irrités contre Eugène IV, le déposent et nomment Amédée pour le remplacer ; ving-cinq prélats, à la tête desquels le cardinal d'Arles et Æneas Sylvius (depuis Pie II), se rendent à Ripaille pour annoncer au Duc son élection.

Le Prince apprend avec chagrin le choix du concile, et ne cède qu'avec regret aux sollicitations du cardinal et de sa suite : Ripaille ne peut bientôt plus contenir les ambassadeurs et les prélats qui viennent de toutes parts reconnoître le nouveau pape. Amédée, qui prend le nom de Félix V, forcé de rentrer dans le tourbillon des affaires, quitte sa retraite chérie en versant quelques larmes, et se rend à Bâle, où il est solennellement reconnu ; il demeure trois ans dans cette ville, pendant lesquels il crée plusieurs cardinaux, et donne un grand nombre de bulles. Eugène IV meurt. Nicolas V le remplace ; alors Félix, las de combattre pour un rang qu'il n'avoit point ambitionné, abdique publiquement dans l'église de Lausanne, et obtient de son compétiteur les conditions les plus honorables ; il revient à Ripaille,

décoré de la pourpre romaine, regrettant peut-être d'avoir quitté la
robe d'ermite, sous laquelle il avoit
trouvé le bonheur ; il conserva le
reste de sa vie, les évêchés de Lausanne et de Genève : il avoit confirmé
comme pape, il défendit avec zèle,
comme évêque, les priviléges de Genève qu'il avoit cherché à anéantir
étant Duc de Savoie.

A un quart de lieue de Thonon, on
traverse la Drance, sur un pont fort
long et fort étroit. On avoit pensé à en
construire un nouveau dans un lieu
où le lit de la rivière est moins étendu ;
mais ce projet devant changer la direction de la route, et lui faire abandonner la ville de Thonon, n'a pas été
mis à exécution. Après la Drance, la
route, qui jusqu'alors avoit été assez
monotone, change ; des collines chargées d'arbres s'élèvent à la droite du

voyageur, et de beaux noyers forment au-dessus de sa tête d'épais berceaux de verdure.

On arrive à la source d'Amphion *.

---

* Voici l'analyse de cette eau, faite par M. le professeur Tingry.

112 $\frac{3}{4}$ livres d'eau d'Amphion à la température de 9°, ont donné 252 pouces cubes d'air, dont un tiers est d'acide carbonique.

	Gros.	Grains.
Acide carbonique concret . .	4	47
Fer	»	15
Carbonate de chaux.	2	8
———— de magnésie	»	15
———— de soude	»	10
Sulfate de chaux.	»	54
Muriate de chaux.	»	12
Alumine dissoluble.	»	8
———— indissoluble siliceuse	»	12
Matière extracto-bitumineuse.	»	1

Ces eaux sont bonnes pour guérir les maux d'estomac, les affections nerveuses etc. Il faut les prendre immédiatement à leur sortie, l'acide carbonique se dégageant promptement et abandonnant le fer qui se

Ces eaux avoient autrefois plus de réputation qu'elles n'en ont aujourd'hui ;
on se rendoit en foule à Évian , qui
devenoit un séjour fort animé : plus
un remède est agréable , plus il est
efficace ; aussi la salubrité des eaux a-
t-elle diminué avec l'affluence de ceux
qui venoient les prendre. Amphion
n'est pas cependant tout-à-fait abandonné. Quelques habitans de Genève
et de la Savoie s'y rendent encore dans
les mois de juillet et d'août ; on a élevé
à côté du petit bâtiment qui couvre la
fontaine, un joli salon où les malades
se retirent quand il pleut, et où les
habitans des deux villes voisines, plus

---

précipite. On trouve dans la ville d'Évian
des eaux minérales d'un autre genre, connues sous le nom d'*eau Cachat.* Elles sont
alcalines : on les prend en boisson pour les
affections de la vessie.

attirés par le son d'un violon que par le murmure de l'onde ferrugineuse, se rendent les dimanches et les jours de fête. Les voitures qui remplissent le chemin, les femmes répandues dans la promenade, forment un tableau animé. Un voyageur descendant du Simplon doit être agréablement surpris de trouver au milieu des bois un bal auquel il peut prendre part. Les bateaux, attirés par la musique, s'arrêtent sous les murs du bâtiment. L'appareil de ces fêtes ne contraste point avec la situation champêtre d'Amphion : l'on y voit régner la plus grande simplicité, et la même source, qui le matin a rétabli la santé des malades, rend le soir aux danseurs, leur légèreté et leurs forces.

Évian n'est remarquable que par sa position. Au sortir de cette ville, commence la nouvelle route, large partout de vingt-quatre pieds, située entre le lac et les collines de Saint-Paul. Ces bords, qu'embellissent déjà la fraîcheur des ondes et l'ombre des bois de châtaigniers qui dominent le chemin, sont encore remarquables par le mouvement et la vie qui les animent. On rencontre, à peu de distance les uns des autres, les villages de *Grande-Rive*, *Petite-Rive* et la *Tour-Ronde*, habités par des pêcheurs et par leurs nombreuses familles. Les filets dont ces pêcheurs se servent, couvrent le rivage, et de longues écorces, dont on fabrique des cordes, sont suspendues aux arbres de la route. Des bois, lancés des sommités voisines, sont rassemblés en tas sur la grève, et y attendent les bateaux qui doivent les porter sur la rive opposée.

Les différens travaux du chemin l'animent encore. Des ingénieurs pla-

cés de distance en distance dirigent
de nombreux ouvriers. Ici l'on jette
un pont sur un ruisseau ; là on élève un
mur pour soutenir les terres profon-
dément coupées : le bruit du ciseau
se fait partout entendre.

A l'embouchure de ce torrent, qui
dans son cours fait mouvoir la scie
ou tourner la roue d'un moulin , un
pêcheur a retiré son bateau qu'il place
à peu de distance de sa maison et de
l'enclos qu'il cultive. Pendant la chaleur de la journée, assis dans sa nacelle , il s'occupe à réparer ses filets,
ou s'endort à l'ombre des saules et des
noyers qui ornent son petit port ; mais
dès que les derniers rayons du soleil
dorent la surface du lac , il appareille
et jette ses filets à quelque distance du
rivage. C'est là qu'il passe dans le silence la nuit entière ; il découvre de
loin la lampe qui éclaire sa famille,

et entend le murmure des flots qui viennent mouiller les murs qui la renferment. Quand l'aurore vient rougir le ciel, et lorsque le mouvement du rivage annonce le commencement du jour, le pêcheur fatigué, retire ses filets et regagne sa demeure.

Nous abandonnâmes la route pour gravir les montagnes qui la dominent. Le silence et la solitude des sombres forêts de châtaigniers qui les couvrent, contrastoient avec la gaîté des rives que nous venions de quitter. Peu à peu ces lieux s'animèrent et nous présentèrent des tableaux intéressans. On entendoit le frémissement des arbres dont on secouoit les fruits, la cloche d'un troupeau nous attiroit vers un pâturage ; la voix d'un prêtre qui instruisoit des villageois nous conduisit près d'une chapelle : deux ou trois paysans étoient prosternés sur les marches de l'édifice : du cimetière, orné de petites croix et de bouquets de fleurs, on découvroit le lac dans sa plus grande étendue ; la fumée d'une métairie s'élevoit dans le lointain ; le clocher d'un village dominoit sur les arbres et sur les hautes treilles qui en déroboient les habitations à nos yeux. Une tour à demi-ruinée nous conduit dans la cour d'un vieux château : cet édifice rappelle les noms les plus illustres et les temps de la chevalerie pendant lesquels il fut construit. A ces anciens souvenirs se joint le tableau animé d'une métairie. Au-dessous de cette voûte qui sert d'entrée, et à laquelle furent autrefois attachées des portes énormes, on découvre la campagne et ses travaux ; les bœufs viennent déposer la charrue à côté du puits rustique ; des pigeons voltigent sur les tours ; la courge s'élève jusque sur les crénaux. Ne pourroit-on pas, dans la cour du fermier, retrouver l'image du pouvoir exercé dans ces lieux par l'ancien châtelain, et le paysan n'est-il pas encore un souverain? Le chien, qui le jour prend place à son foyer, forme sa garde pendant la nuit; ses abeilles lui donnent plus de la dîme de leur récolte; l'hirondelle qui loge sous son toit, le moineau qui recueille les débris de ses moissons, sont des sujets pauvres qui réclament la protection de leur maître et qui profitent de son abondance.

A quelque distance, le spectacle redevient sauvage. On entend le bruit d'une cascade; un torrent se précipite dans un fond rempli de broussailles.

Ces montagnes sont fertiles; elles produisent beaucoup de fruits, et on en tire des laitages délicats; aussi le

terrein y est-il fort cher. L'ambition
des pêcheurs est d'y acquérir une petite propriété, et les habitans aisés de
la contrée qui ne s'occupent pas de
commerce, et dont la fortune n'est
point exposée à des vicissitudes, ne
veulent pas vendre des terres qui, sans
exiger des frais ou de grands travaux,
leur procurent les choses nécessaires
à la vie.

Après la Tour-Ronde, on trouve
les villages de Meillérie et de Saint-
Gingoulph. Là, les travaux de la route
deviennent remarquables ; c'est du
lac, au-dessus duquel elle est élevée
de 32 pieds, qu'on peut le mieux la
juger ; on la voit suivre les flancs de
la montagne, à travers les forêts et les
rochers coupés quelquefois à la hauteur de 35 mètres ; des ponts sont placés sur les torrens ; de belles chaussées
soutiennent les terres. A quelques mi-

nutes de Saint-Gingoulph, on a laissé subsister du côté du lac un rocher couronné de verdure, qui donne l'idée des obstacles que la nature opposoit à la construction du chemin. Les ouvertures ont fait découvrir dans ce lieu des pétrifications. De pareils travaux me semblent précieux pour les géologues ; ils leur révèlent des secrets que la nature cachoit dans son sein. Les différentes couches des rochers, leur inclinaison, leur structure, leur couleur se distinguent avec facilité, et forment des murs en mosaïques que les lichens, la mousse et les fraisiers couvriront peu-à-peu d'un tapis de verdure.

On ne peut trop admirer le soin avec lequel on s'est occupé des moindres détails de la route. Le cours des ruisseaux qui descendent en grand nombre des sommités est dirigé par des canaux ou des aqueducs construits avec élégance ; des murs en talus contiennent le lac ; des bornes sont placées dans les endroits escarpés : autrefois les voitures et les chevaux même ne pouvoient arriver que jusqu'à la Tour-Ronde. On voit serpenter encore le petit sentier qui servoit aux bûcherons et aux pêcheurs, habitans de ces lieux : tantôt il est aux pieds du voyageur côtoyant la grève ; tantôt au-dessus de sa tête, au milieu des bois.

La route de Genève à la Tour-Ronde avoit été construite par Charles Émanuel III, dans l'espérance de faire renaître le commerce et l'aisance dans cette partie du Chablais, qui avoit beaucoup souffert des guerres du XVI.ᵉ siècle ; ce prince vouloit la continuer et établir une communication avec l'Italie par le grand Saint-Bernard ; mais les Valaisans s'y opposèrent.

Près de Meillerie, les montagnes, couvertes de houx et de sapins, se rapprochent de la route ; le lac, d'une immense profondeur, vient battre les rochers à pic dans lesquels elle est taillée. Rousseau a rendu ces lieux célèbres en y plaçant l'asile d'un amant malheureux ; et, de même que des admirateurs de la poésie ancienne vont réciter l'Illiade sur les ruines de Troie ou parcourent le Latium en rêvant à Énée, à Turnus et à Lavinie, arrêtons-nous un moment à Meillerie, et écoutons la description qu'en fait Saint-Preux.

« Le séjour où je suis est triste et
» horrible ; il en est plus conforme à
» l'état de mon ame, et je n'en ha-
» biterois pas si patiemment un plus
» agréable : une file de rochers sté-
» riles borde la côte et environne mon
» habitation, que l'hiver rend encore

» plus affreuse.......... on n'aperçoit
» plus de verdure ; l'herbe est jaune
» et flétrie, les arbres sont dépouillés ;
» le séchard et la froide bise entassent
» les neiges et les glaces.

Après une absence de plusieurs années, Saint-Preux revint à Meillerie
avec cette Julie qui n'étoit plus pour
lui ce qu'elle avoit été autrefois ; il
revint y chercher les monumens d'un
amour dont il se croyoit guéri, et dont
il regrettoit les tourmens : s'il voyoit
aujourd'hui ces lieux, qu'ils lui pa-
roîtroient changés ! il n'y retrouveroit
plus aucun souvenir, et de celle qu'il
avoit tant aimée, et des jours consa-
crés à penser à elle. Les arbres et les
rochers sur lesquels il avoit gravé le
nom de Julie sont tombés sous les
coups de la hache et du ciseau ; le
torrent qui se débordoit est couvert
d'un pont ; le bruit des voitures, la

vue de bâtimens plus réguliers que les simples cabanes de Meillerie , l'effaroucheroient et lui feroient méconnoître les rives dont la situation sauvage convenoit si bien à sa douleur.

On entre dans le Valais au village de Saint-Gingoulph , dont une moitié seulement appartient à cette République. L'autre fait partie du Chablais. De son port partent la plupart de ces petits bâtimens qui viennent embellir la vaste étendue du lac. Des bateaux remplis de poissons, des barques chargées de bois, de chaux, de rochers coupés à Meillerie, se rendent presque tous les jours à Genève ou dans les villes de Suisse. A peu de distance de Saint-Gingoulph , on fait remarquer comme une chose rare des forêts de noyers.

La largeur du lac , près du village du Boveret , diminue d'une manière sensible, et les bords opposés, qui jusqu'alors avoient été à demi cachés par la vapeur, paroissent distinctement. Nous découvrons la ville de Vevay, le château de Chillon, les vallées et les torrens qui sillonnent les montagnes du Canton de Vaud. La montagne du Boveret s'écroula l'année 563. Voici ce qu'en dit Marius, évêque de Lausanne.

« La montagne fort élevée du
» Boveret, située dans le Valais,
» s'écroula avec tant d'impétuosité,
» qu'elle engloutit un château et plu-
» sieurs villages avec tous leurs habi-
» tans, et imprima un tel mouvement
» au lac, que l'ayant fait sortir de ses
» rives, il détruisit d'anciens villages,
» avec les hommes et les troupeaux ;
» il entraîna plusieurs temples, avec
» ceux qui servoient aux autels ; ren-
» versa un pont à Genève, abattit des

» moulins, et étant entré dans la ville,
» fit périr plusieurs personnes. » —
Grégoire de Tours ajoute qu'après
l'éboulement, trente moines s'étant
rendus dans le lieu où étoit situé le
château, se mirent à creuser la terre,
dans l'espérance d'y trouver des tré-
sors, mais qu'ils furent bientôt en-
gloutis par une seconde chute de la
montagne. La côte offre encore des
marques d'écroulement; la pente en
est rapide, et les rochers qui la com-
posent n'ont pas de continuité régu-
lière, comme on le remarque plus
loin, à droite et à gauche.

La nouvelle route n'est achevée
que jusqu'au Boveret; on la continue,
et nous vîmes plusieurs ouvriers qui y
travailloient. On emploie surtout des
Piémontois, qui sont intelligens et peu
sensibles à la fatigue et à la douleur.
On nous raconta qu'un ouvrier avoit

été jeté assez avant dans le lac, par l'effet d'une mine qui éclata trop tôt. On courut à son secours, ne doutant pas de le retrouver mort ou couvert de blessures ; il n'étoit qu'étourdi et un peu froissé ; il ne voulut point aller à l'hôpital, se secoua, but un grand verre d'eau-de-vie, et se remit tout de suite au travail, comme s'il ne lui fût rien arrivé.

Je termine ici ma lettre, Monsieur. — En suivant les bords du lac, nous avons déjà fait quelques pas dans le Valais ; ensuite, en côtoyant le Rhône, nous parviendrons au pied du Simplon.

LETTRE II.

A quelque distance du *Boveret*, la vallée est fort resserrée entre le Rhône et la montagne. Un château, nommé *la porte de Sex*, au travers duquel la route passe sur un pont-levis, ferme le pays.

Cette situation est remarquable ; nous mettons pied à terre pour en mieux juger : notre voiture côtoie ces immenses rochers, qui s'élèvent à pic ; elle s'enfonce sous la voûte qu'elle fait retentir du bruit des chaînes qui soutiennent le pont. Nous nous croyions transportés dans les temps du moyen âge, lorsque les Valaisans posoient les premiers fondemens de leur liberté ; mais la dégradation, le silence, l'abandon de ce bâtiment nous rappellent bientôt tout le temps qui a dû s'écouler dès-lors.

Près de ce fort est un bac pour traverser le Rhône ; des jeunes gens qui vont chercher du travail hors de leur pays se présentent sur la rive opposée ; deux bateliers s'efforcent de couper le courant du fleuve , en se laissant dériver; on aborde, et la troupe continue tranquillement sa route. Un berger fort âgé, qui garde près de là des troupeaux , nous apprend qu'on entretient, pour toute garnison , un soldat et un concierge dans le fort de Sex : j'aurois aimé entendre de la bouche de ce vieillard , au pied de ces créneaux, quelques récits de l'obscure histoire de cette contrée, que les habitans de ces lieux se seroient transmis de père en fils.

De l'autre côté de la porte de Sex, la vallée s'élargit ; l'on voit s'étendre de grandes prairies couvertes d'arbres fruitiers, d'habitations et de jardins bien cultivés, que séparent de légères claies de sapin ; des paysans, des femmes, des enfans répandus dans ces prairies et comme à l'ombre de ces fortifications que leurs ancêtres avoient élevées pour les défendre, s'occupoient de la seconde récolte des foins; dans le fond du paysage, des bateaux qui remontoient le fleuve, dont on ne pouvoit découvrir le cours, laissoient apercevoir leurs voiles blanches, et sembloient pénétrer au milieu des forêts de la rive opposée.

Tout nous annonce un pays nouveau ; les habitations sont entourées d'une galerie de bois ; le toit qui se prolonge extérieurement est construit de planches minces, chargées de grosses pierres ; sous la saillie qu'il forme, l'habitant de la maison range sa provision de bois, en ménageant des ouvertures pour les petites fenêtres de son logement ; il se procure ainsi un nouveau rempart contre le froid. Les granges sont élevées sur des pieux terminés par des pierres plates et saillantes, afin d'empêcher les rats et les souris d'y pénétrer ; ces cabanes, construites en bois de mélèze, d'une couleur rougeâtre, sont parsemées çà et là dans les prairies, et s'élèvent à une assez grande hauteur, sur la pente des montagnes.

Nous traversons les beaux villages de *Vouvri* et de *Monthey*, et nous prenons une idée des mœurs du pays : les femmes portent de petits chapeaux, qu'elles ornent de rubans, de pièces de brocart et de dentelles ; cette coiffure est jolie lorsqu'elle est encore dans sa fraîcheur : je crois que la mode du jour est de garnir ces chapeaux de rubans roses, et de les doubler de taffetas de la même couleur : j'aurois aimé donner des détails plus étendus et plus précis sur les parures du Valais, mais je sais que les hommes ont rarement les talens nécessaires pour traiter une matière si délicate, et qu'en dépit de mes recherches, la lecture de ce que j'avance ici pourroit faire sourir de pitié une jeune habitante de Saint-Maurice ou de la capitale.

Nous rencontrons des cretins en assez grand nombre ; on les voit souvent couchés devant leurs portes, dans une entière inaction ; les signes extérieurs de leur difformité sont des goîtres énormes, un teint olivâtre, des traits épatés : on remarque parmi eux différens degrés d'abrutissement; quelques-uns peuvent être employés aux travaux les plus simples de la campagne, mais un grand nombre sont incapables de toute occupation. Lorsque nous nous adressions à eux, nous n'obtenions pour toute réponse que des inflexions de voix semblables aux cris d'un animal ; un sourire affreux, qui contrastoit avec ce que nous éprouvions, venoit se peindre sur le visage de ces pauvres créatures. La vue de ces êtres, que leur figure plaçoit parmi les hommes, mais qui semblent avoir été rejetés dans la classe des animaux, inspire de la tristesse et une sorte d'effroi.

Tous les étrangers qui ont traversé le Valais se sont crus obligés d'inventer un système pour expliquer les causes de cette dégradation. M. de Saussure, qui a fait de profondes recherches sur ce sujet, donne pour cause au cretinisme, la chaleur et la stagnation de l'air du fond de la vallée.

L'on a dit que les Valaisans voyoient avec plaisir leurs enfans dans un état qui les rendoit incapables de commettre des fautes et leur assuroit le bonheur céleste : ce préjugé n'existe point ; les soins que l'on accorde à ces êtres dénués de toute ressource ont pu donner naissance à cette erreur ; les Valaisans sont trop simples et trop accoutumés à un pareil spectacle pour en rougir et pour chercher à le dissimuler ; au reste, l'on observe que le nombre des cretins diminue sensiblement, par la précaution que prennent les habitans aisés, d'envoyer leurs femmes accoucher sur la montagne, et d'y faire élever leurs enfans jusqu'à l'âge de dix à douze ans.

Cette infirmité qui afflige les habitans des Alpes, étoit connue depuis long-temps ; Juvénal a dit :

Quis tumidum guttur miratur in Alpibus.

Sat. 13.

L'entrée de Saint-Maurice a de grands rapports avec celle de la porte de Sex. La dent de la Morcle et la dent du Midi rétrécissent le passage , et semblent vouloir fermer le pays une seconde fois. Le beau pont qui est jeté sur les bases de ces deux montagnes, appartient au Valais et au Canton de Vaud, et réunit ces deux états; il est long d'environ 200 pieds, et n'a qu'une seule arche ; au milieu est une petite chapelle, dans laquelle les Valaisans disent la messe; ce sont eux qui sont chargés des réparations du pont, et qui reçoivent le péage ; ce passage étroit étoit le seul, avant la construction de la nouvelle route, qui fût ouvert aux voitures ; en fermant une porte, on leur défendoit l'entrée de tout le Valais.

Saint-Maurice est dominé par de

hauts rochers qui surplombent ; les arbres qui y croissent forment des berceaux au-dessus de la première rue. C'est près de cette ville que fut massacrée la légion Thébéenne : l'authenticité de ce fait historique a été contestée ; on a dit que la vallée de Saint-Maurice étoit trop étroite pour contenir à-la-fois une légion composée de plus de 6000 hommes et l'armée de Maximien, qui massacra cette légion ; mais il faut observer que les rochers s'écartent beaucoup à peu de distance de la ville , et que la vallée devient fort large ; d'ailleurs la fondation d'un couvent dédié à St. Maurice , dans le lieu où il périt , la vénération attachée à la mémoire de ce martyr , le changement de nom de la ville , nommée autrefois *Agaunum* , l'ordre de St. Maurice et de Lazare , créé par les Ducs de Savoie , sont des monumens qui s'accordent avec les historiens sur cet événement *.

Simler, écrivain du XVI.ᵉ siècle, le raconte en détail dans un écrit envoyé à l'abbé de Saint-Maurice. Les soldats qui composoient la légion Thébéenne avoient reçu le baptême de Zabda, évêque de Jérusalem ; et les instructions de Marcelin, évêque de Rome, lors de leur passage dans cette ville, avoient affermi leur croyance. Étant arrivés à Agaunum, et apprenant qu'ils étoient destinés à poursuivre les Chrétiens, ils refusèrent d'obéir ; à la nouvelle de leur résistance, Maximien, qui étoit à Martigni, se livra à la plus violente colère, fit décimer la légion, et renouvela ses

----

* *Simleri Valesiæ descriptio. Guillimani Helvetia. Suiseri Chronologia Helvetica. S. Euchere, passio S. Mauritii. Baldesano. de Rivas.* etc. etc.

ordres ; ce supplice n'ayant point
épouvanté les soldats, le prince les fit
décimer une seconde fois, et ordonna
à ceux que le sort avoit conservés, d'o-
béir; ces hommes valeureux, fortifiés
par les exhortations des prêtres qui
les accompagnoient, et par celles du
Sénateur Candide, entourés des corps
sanglans de leurs compagnons, répon-
dirent à l'Empereur : « Maximien,
» nous sommes tes soldats, mais nous
» respectons Dieu plus que toi ; il
» nous a donné la vie, et nous ne te-
» nons de toi que le prix de nos peines;
» nous savons combattre des ennemis,
» et non plonger nos mains dans le
» sang des hommes vertueux ; si l'on
» n'exige pas de nous un si horrible
» attentat, nous voilà prêts à obéir,
» comme nous l'avons fait jusqu'à
» présent; mais nous sommes chré-
» tiens, et nous ne pouvons égorger
» nos frères.

Maximien, désespérant de vaincre leur généreuse résistance, les fit entourer et massacrer par son armée : le courage de ces martyrs est d'autant plus digne de la cause pour laquelle ils périssoient, qu'ils surent résister aux ordres injustes de leur chef, sans le braver, et recevoir la mort sans se plaindre.

Sur les rocs à pic qui dominent la ville de Saint-Maurice, on voit une église et un petit bâtiment habité par un ermite, qui cultive un jardin de quelques toises, placé sur une saillie du rocher à côté de sa demeure. Cette retraite rappelle celle des anachorètes de la Thébaïde qui, séparés du monde, passoient leur vie dans la méditation et la prière.

Le pays qui s'étend entre Saint-Maurice et Martigni, est stérile ; des ronces couvrent presque toute la vallée. La belle cascade de Pissevache embellit ces lieux sauvages ; la Salanche, qui la forme, sort d'un profond sillon qu'elle a creusé dans la montagne, et tombe perpendiculairement d'une hauteur de 270 à 300 pieds ; l'onde, en se brisant dans sa chute, se transforme en une gaze brillante qui voile le rocher : tandis que la Salanche, réduite en poussière, revêt cent formes différentes, se confond avec l'air, brille de l'éclat de la nacre, et réfléchit les nuances de l'arc-en-ciel, les ondes noires du Trient sortent à peu de distance d'une crevasse profonde, formée par une rupture des rochers ; ce torrent, dans son cours triste et uniforme, semble regretter l'obscurité de la montagne, et craindre d'attirer les regards.

Le Rhône, dont nous suivons les rives, charie une grande quantité de

bois ; ses bords et ses îles en sont couverts : on nous apprend que ce bois
vient de Sion , et qu'on le fait descendre jusqu'à Villeneuve ; l'on re-
monte le fleuve dans un petit bateau,
pour dégager les pièces arrêtées dans
leur route. ,

Il y a une grande différence pour
la température entre les deux rives du
Rhône ; nous en pûmes juger dans un
voyage que nous fîmes en Valais au
commencement du printemps.

Sur la rive gauche, on voyoit les
sapins et les mélèzes ; la végétation
ne se ressentoit point encore de la
présence des beaux jours ; seulement
quelques plantes alpines , les prime-
vères roses , fleurissoient par touffes
au milieu des rochers ; sur la rive
droite, croissoient les chênes ; l'herbe
épaisse des prairies étoit émaillée de
violettes et d'anémones ; les arbres

fruitiers étoient couverts de fleurs ;
l'on entendoit bourdonner les abeilles ;
tous les papillons du printemps volti-
geoient autour de nous, et de grands
lézards verts s'étendoient au soleil sur
les rochers.

Vis-à-vis de Martigni, on voit les
villages de Branson et de Fouilly, situés dans la partie la plus chaude de
tout le Valais ; les vignobles de Branson sont fort estimés ; on m'a assuré
qu'on en vendoit souvent la toise
carrée 18 francs, et que, dans les
bonnes années, ils rendoient l'intérêt
de cette somme au 5 p.^{r} $\frac{0}{0}$.

La ville de Martigni est située à la
réunion des routes de France, d'Italie,
de Chamouni, et à l'entrée de la grande
vallée du Rhône : ce fleuve, qui prend
sa source dans la montagne de la Fourche, à l'extrémité du Valais, et dont
le cours, jusqu'à son entrée dans le

lac de Genève, détermine l'étendue de ce pays, repoussé par la montagne de la Forcla, a été obligé de se tourner vers le Nord.

Nous allâmes voir, à Martigni, M. le prieur Murith, qui nous montra avec beaucoup de complaisance un beau cabinet de minéralogie : ce savant ecclésiastique connoît à fond l'histoire naturelle du Valais ; il vient de publier un ouvrage qui sera fort utile aux botanistes ; dans cet ouvrage, il leur sert de guide dans toutes les vallées qui contiennent des plantes rares, et anime ces courses scientifiques par une description rapide des lieux qu'il visite.

La République du Valais a environ 200 lieues carrées de surface ; elle se compose de la grande vallée du Rhône, et de plusieurs autres vallées latérales et moins considérables ; on en compte treize qui s'étendent du côté du midi, et trois du côté du nord, sans parler de plusieurs autres fort petites ou inhabitées. La vallée du Rhône est la plus grande de toute la Suisse : depuis les monts de la Fourche, où elle commence, jusqu'au lac de Genève, où elle se termine, on compte 36 lieues. C'est aussi une des plus profondes, car le bas de la vallée est peu élevé au-dessus de la mer, tandis que le Mont-Rose, le Mont-Cervin et les autres sommités qui dominent ce pays sont du nombre des montagnes les plus élevées de l'ancien continent ; aussi le Valais, situé sous une latitude tempérée, réunit-il les productions des climats brûlans, et celles des climats glacés : dans les mois d'été, les rayons du soleil, réfléchis et concentrés par ces hautes montagnes, y produisent une chaleur extrême, y font germer l'aloès et la figue d'Inde, mûrissent le raisin , qui produit un vin très-fort ; tandis que, sur la cime de ces mêmes montagnes, croissent le génipi et le rhododendron. Le voyageur accablé , que le souffle d'aucun vent ne vient rafraîchir, côtoie lentement ces rochers brûlans : fatigué par des troupes d'insectes qui voltigent autour de lui, étourdi des cris monotones de la cigale , il se croit sous le soleil des pays méridionaux.

Ce pays est aussi le séjour des nuages attirés par les pics élevés : ces nuées, arrêtées sur le Valais, y séjournent long-temps, et se répandent enfin en torrens de pluie ; les montagnes versent toutes leurs eaux dans le fond de la vallée, où une grande partie demeure stagnante dans les marais qui bordent le Rhône ; elle est ensuite pompée par le soleil, et retombe de nouveau.

Cet air brûlant, ces vapeurs marécageuses, ces brouillards presque cons-
tans qui pèsent sur le Valais, et y
forment une atmosphère pesante et
malsaine, sont probablement la cause,
non-seulement des goîtres et du cretinisme, mais encore de la mollesse et
de l'inertie qu'on trouve généralement
chez tous les habitans du fond de la
vallée, et qui disparoissent dans des
lieux plus élevés.

La fertilité du Valais varie beaucoup : près de Martigni, les rochers
qui s'élèvent à pic ne présentent aucune place à la culture ; des marais
occupent une partie du bas de la vallée ; sur les bords de la rivière, des
troupes de chevaux paissent en liberté;
la nuit, ils se retirent sur les terrains
secs.

En voyant des paysans couper des
joncs, qui nous sembloient de loin

des épis de blé, et faire fuir devant
eux des oiseaux de toute espèce, nous
nous sommes rappelé la charmante
description de M. de Châteaubriand.

« Les marais, tout nuisibles qu'ils
» semblent, ont cependant de grandes
» utilités ; leur limon et les cendres
» de leurs herbes fournissent des en-
» grais aux laboureurs ; leurs roseaux
» donnent le feu et le toit à de pauvres
» familles, frêle couverture, en har-
» monie avec la vie de l'homme et qui
» ne dure pas plus que nos jours!.....
» En automne, ces marais sont plantés
» de joncs desséchés, qui donnent à
» la stérilité même, l'air des plus opu-
» lentes moissons ; le vent, glissant
» sur ces roseaux, incline tour-à-tour
» leur cime ; l'une s'abaisse, tandis
» que l'autre se relève ; puis soudain
» toute la forêt venant à se courber
» à la fois, on découvre, ou le butor

» doré, ou le héron blanc, qui se
» tient immobile sur une longue pate,
» comme sur un épieu. »

Le pays change ensuite : de beaux
pâturages remplacent les marais ; des
vignes, soutenues par de petits murs,
s'élèvent en terrasses les unes au-
dessus des autres, et tapissent le bas
des montagnes tournées vers le midi ;
sur celles opposées au nord, des
champs se mêlent à la verdure des
bois et des prairies. Des villages,
des églises et des oratoires remarquables par leur blancheur, décorent
les cimes qui commandent Sion.

Cette ville, située à six lieues de
Martigni, est la capitale du Valais, et
la résidence d'un évêque ; elle exis-
toit du temps de Jules-César. Sion,
dans le siècle dernier, a été successivement ravagé par les eaux, le feu
et la guerre ; la grande rue est formée

de maisons neuves, bâties avec goût, mais qui contrastent avec les masures qui les entourent; deux vieux châteaux élevés sur deux collines dominent cette ville; le plus élevé se nomme Tourbillon; c'est là que s'assembloit autrefois le conseil d'état, et qu'on couronnoit l'évêque, qui faisoit sa résidence dans un château situé à peu de distance des deux autres; un magasin à poudre ayant sauté, mit le feu à Tourbillon, près duquel il étoit placé : il ne reste plus de cet édifice que quelques murailles crénelées, et des surreaux croissent dans la place que les appartemens occupoient autrefois; la vue de Tourbillon est fort étendue; on suit le cours du Rhône de Martigni à Leuck, et l'on peut, d'un seul coup-d'œil, prendre une idée de tout le pays.

On découvre à quelque distance,

sur des rochers d'un accès difficile qui dominent le fleuve, les ruines des deux châteaux de Seon et de Montorges. En 1375, Antoine de Thurn fit précipiter du haut du château de Seon, Gradecius, évêque de Sion, ainsi que son chapelain, pendant que ces deux ecclésiastiques récitoient leurs prières du matin : de Thurn avoit eu des démêlés avec Gradecius, et il s'empara du château dans le moment où l'évêque n'avoit aucune troupe pour le défendre ; les Valaisans, irrités de sa mort, prirent les armes pour le venger, attaquèrent son meurtrier, qui avoit réuni quelques amis auprès de lui, le défirent, le tuèrent dans le combat, et dévastèrent ses biens *. Quarante ans après, les Valaisans, assiégeant dans ce même château leur évêque

---

* Simler. Liv. II.

Guichard, lui accordèrent, à la sollicitation des cantons alliés, la permission d'en sortir avec sa famille, et mirent le feu à Seon.

La seconde colline, nommée Valère, présente un amas de bâtimens sans règle et sans goût, des débris de fortifications recouverts de chétives habitations, entremêlées d'arbres, et le tout dominé par une vieille église gothique, qui s'élève au milieu de ces ruines et des rochers qui les soutiennent : on y voit les restes de la demeure de Théodore, premier évêque de Sion. Les chanoines de la ville faisoient autrefois leur résidence dans ce lieu ; il est maintenant habité par quelques pauvres familles qui y trouvent des logemens à bas prix.

Nous aperçûmes, auprès de Valère, deux femmes qui s'avançoient lentement ; l'habit de drap grossier qui les

couvroit jusque sur la tête, et un cha-
pelet pendant à leur ceinture, nous
apprirent qu'elles étoient religieuses;
elles nous dirent qu'elles s'appeloient
les sœurs de la Solitude chrétienne;
elles descendoient tous les matins dans
un hôpital de la ville, pour y enseigner
les enfans, et revenoient passer la
nuit dans cette habitation, bien conforme au nom qu'elles s'étoient donné;
quelques autres religieuses étoient répandues sur la colline; elles s'occupoient des travaux de la campagne;
nous les quittâmes, frappés de leur
air de calme et de douceur.

Nous avions été voir dans la ville
un couvent de capucins qui nous avoit
fait une impression d'un autre genre;
on nous avoit montré, dans le réfec-
toire, une horloge qui faisoit cheminer dix-huit aiguilles, toutes ayant un
mouvement différent; l'une marquoit

le lever et le coucher du soleil ; l'autre
le départ et l'arrivée des courriers ;
plusieurs , l'époque des principales
fêtes; « celui qui l'a construite est fort
» adroit, » nous dit le père gardien ,
» mais je ne lui permets plus de per-
» dre son temps à de pareilles choses ;
» il y a trop à faire dans le couvent. »
Ainsi, celui qui avoit su, dans sa retraite, tirer parti des talens que lui
avoit donnés la nature, étoit arraché
à ses goûts pour s'occuper des travaux
les plus grossiers, à côté de l'homme
ignorant, et pour mendier son pain ,
tandis qu'il eût pu le gagner honora-
blement par son travail.

De ces lieux, habités par de pauvres
familles et de timides religieuses, les
évêques de Sion commandoient autrefois à tout le pays , réduit sous
leur domination, après la fin des deux
royaumes de Bourgogne : princes du

Saint-Empire, décorés du titre de préfets et comtes du Valais, ils jouissoient d'un pouvoir illimité.

Du fond de ces châteaux, maintenant détruits, le célèbre cardinal Schinner méditoit ces grandes entreprises qui rendirent son nom redoutable à la France, et qui firent jouer un rôle brillant à ses compatriotes : le hasard le tira de l'obscurité à laquelle sa naissance sembloit l'avoir condamné. Né de parens très-pauvres, à Grechen, village de la sombre vallée de l'Ax, il occupoit la place de simple curé, et consacroit ses loisirs à l'étude ; l'évêque Juste de Sillinen, parcourant son diocèse, s'arrêta chez lui ; il fut étonné de l'instruction qu'il trouvoit chez un pauvre curé ; il l'appela auprès de lui, et le fit chanoine de Sion. Juste de Sillinen ayant entrepris une guerre qui n'eut pas de succès contre le comte d'Arona , déplut à ses concitoyens, qui, animés par George de Supersax, le forcèrent d'abandonner le siége épiscopal.

Quelque temps après, Schinner fut nommé évêque; cette dignité, la plus éminente du Valais, fut le premier degré des honneurs auxquels les guerres d'Italie devoient le faire parvenir. Rebuté, dit-on, par le roi de France, auquel il offrit ses services, il s'attacha au pape, et engagea ses compatriotes à se déclarer pour lui dans la guerre qu'il soutenoit contre Louis XII : il seroit trop long de suivre Schinner dans tous les détails de cette guerre. Plus fait pour manier l'épée que la crosse, il conduisoit lui-même les Suisses au combat. Maître des esprits par ses manières insinuantes, par son éloquence, par les dons du souverain pontife, dont il étoit le distri-

buteur, il les entraînoit dans les dé-
libérations, et faisoit taire l'intérêt
général et les sollicitations des princes
qui brignoient leur alliance. Le curé
de Grechen, qui auroit dû vivre ignoré
sous le chaume d'un presbytère, décoré du titre de légat et de la pourpre romaine, rassuroit le souverain pontife
alarmé, jusque dans sa capitale, conduisoit Maximilien Sforce en triomphe
dans Milan, opposoit une barrière
puissante aux projets ambitieux du
Roi de France.

Cependant les Suisses se lassèrent
de combattre pour un Prince qui ne
secondoit point leurs efforts; le retard
de leur paiement les irritoit; une partie reprit le chemin de sa patrie, l'autre
demanda à former une alliance avec
François I. Quelques difficultés sur
les pays qu'ils avoient conquis en arrêtoient la conclusion. Schinner, ba-

bile à profiter des moindres délais,
fait rompre les préliminaires, ramène
les Suisses qui retournoient dans leur
pays, les enflamme par le tableau de
leur valeur, de la gloire dont ils se couvriront, en attaquant une armée qui
leur est supérieure en force ; il marche
à leur tête, vers le camp des Français,
l'attaque au déclin du jour ; le combat
se prolonge long-temps dans les ténèbres, et recommence le matin avec
plus d'acharnement. Les Suisses auroient probablement été vainqueurs,
si l'arrivée d'un corps de troupes at-
tendu par les Français ne les eût forcés
à la retraite, qu'ils effectuèrent en bon
ordre sur Milan.

La bataille de Marignan fit perdre
au cardinal de Sion une partie de son
ascendant sur ses compatriotes ; la paix
qu'ils firent avec François 1, malgré
ses représentations, acheva de ruiner

son crédit ; il se retira près de l'Empereur. Là, fidèle à sa haine contre la France, il consacra le reste de sa vie à lui susciter des ennemis. Aux accens de sa voix, jadis si puissante, on vit encore 6ooo Suisses grossir l'armée du pape et de l'Espagne. Schinner sut les retenir, malgré les ordres de leur patrie ; il rentre dans Milan, qu'il avoit été forcé d'abandonner après la bataille de Marignan, s'empare de Pavie, Parme, Plaisance, et alloit reconquérir l'Italie, si la mort de Léon X ne fût venue mettre un terme aux échecs des Français ; le cardinal ne lui survécut que peu de temps ; il mourut à Rome en 1522, auprès du pape Adrien, qu'il avoit déjà su captiver par ses manières insinuantes.

Schinner trouva un adversaire infatigable dans la personne de George

de Supersax, qui, jaloux de son influence, s'attacha au parti français.
Les intrigues de Supersax portèrent
le trouble dans le Valais : tour-à-
tour, on le vit exilé, retenu en
prison, triomphant et forçant son redoutable antagoniste à fuir sa patrie :
Schinner, parvenu aux plus hautes di-
gnités de la cour de Rome, n'oublia
point ses sujets de ressentiment contre
Supersax ; il réussit à l'attirer auprès
de lui, et le fit enfermer dans le
château Saint-Ange ; Supersax, rendu à la liberté par le parti français,
de retour dans sa patrie, fait piller
les maisons du cardinal, dévaster ses
biens et chasser sa famille ; mais bientôt les Valaisans, regrettant d'être
sortis de l'état d'obscurité et de calme
qui faisoit leur bonheur, exilent les
deux hommes dont la rivalité avoit
attiré sur eux les maux des dissensions

intestines et les foudres de l'Église : tous les deux moururent hors de leur patrie. Schinner, occupé à suivre ses grands desseins, oublia à la cour de Rome la haine de ses compatriotes ; George de Supersax se retira en Suisse; de Vevay, où il termina sa carrière, il découvroit, dans ses vieux jours, cette terre qu'il avoit troublée, dont l'entrée lui étoit interdite, et où sa naissance et sa fortune auroient pu lui faire jouer un rôle honorable.

Les Valaisans, fatigués de la tyrannie des évêques, se révoltèrent, et ayant contracté une alliance avec les cantons d'Uri, d'Underwald et de Lucerne, obtinrent leur liberté ; l'on mit de grandes bornes à la puissance des évêques, qui, depuis ce temps-là, a toujours été en diminuant, et enfin a été réduite au maniement des affaires ecclésiastiques.

(63)

En traversant le Valais, on se croit
encore dans le moyen âge ; il semble-
roit que ce pays n'a pas marché de
front avec le reste de l'Europe, et que
la civilisation et les lumières n'ont pu
franchir les hautes montagnes qui le
séparent du monde ; des châteaux placés sur des monticules ; des villes bâties sur le flanc des montagnes, et dé-
fendues par des tours ; des maisons où
-l'on semble craindre la lumière du
jour, rappellent ces temps de la féodalité où de petits princes étoient en
état de guerre continuelle , et où les
peuples avoient toujours à combattre
pour défendre leurs propriétés et leur
vie.

On voit des potences qui s'élèvent
sur les collines à côté du chemin ; cet
usage semble venir des gouvernemens
barbares, qui rappeloient leur pouvoir
par la plus triste de leurs prérogatives.

Les habitans du bas de la vallée sont indolens; on les prendroit plutôt pour des vassaux timides que pour un peuple libre : peu d'industrie, nul commerce ; on voit rarement chez eux l'expression de la joie. Nous traversâmes, à notre retour de Milan, le Valais dans le moment des vendanges. Les pentes des montagnes étoient couvertes d'hommes et de femmes qui dépouilloient les ceps ; mais les échos de la vallée ne répétoient point ces chants et ces cris de joie qui retentissent dans les vignobles du reste de la Suisse. Pendant la récolte des foins, les ouvriers gardoient le même silence: ce qui embellit le spectacle de la campagne, c'est le sentiment du bonheur de ceux qui l'habitent. Que trouverions-nous d'agréable dans la vue de paysans courbés péniblement, exposés à la rigueur des saisons, si le bruit flatteur de leurs chants ne venoit nous apprendre qu'ils sont heureux, malgré leur fatigue : tout ce qui les entoure nous paroît alors être l'expression de la joie. Les chansons nationales ont encore un charme de plus : le Ranz-des-vaches, entendu dans les montagnes de Schwitz et d'Underwalden ; les poésies d'Ossian, chantées au nord de l'Écosse, en nous rappelant les inclinations des anciens habitans de ces pays, nous retracent avec vivacité les temps où ils ont vécu, et prennent dans la bouche de leurs descendans un caractère imposant et religieux.

Le bourg de Sierre, à trois lieues de la capitale, est dans une situation agréable ; on y voit une église et des bâtimens plus ornés que dans le reste du Valais ; c'est le domicile des gens les plus riches d'une partie de la noblesse du pays. De Sion à Brigg, on

traverse les champs des batailles livrées entre les Valaisans et les Français, dans la sanglante guerre que,
pendant l'année 1798 et pendant l'été
de 1799, le directoire fit aux malheureux habitans de ces contrées. Les
paysans du haut Valais déployèrent
un grand courage ; la connoissance
qu'ils avoient de leur pays les rendoit
redoutables à leurs ennemis ; mais ils
furent enfin obligés de céder à la supériorité du nombre et de la discipline.

Les Français devinrent les maîtres
d'un pays désert et couvert de cendres ;
la misère du pays en vint au point que
les moissons qui n'avoient pas été brûlées, manquèrent de bras pour être
recueillies ; les cantons voisins furent
obligés d'envoyer des secours considérables de vivres et de vêtemens, et
de recevoir chez eux un grand nombre
d'orphelins abandonnés.

(67)

La France, après avoir été pour le Valais une cruelle ennemie, est devenue sa protectrice et son alliée. Elle a travaillé à sa prospérité en faisant construire une route, qui sera, pour les Valaisans, d'une grande utilité, et dont ils n'auroient pu supporter la dépense. En abolissant les distinctions qui existoient entre le haut et le bas Valais, depuis que celui-ci avoit été conquis par les dizains de Brigg et de Sion sur le duc de Savoie; et, en accordant à tous les habitans la liberté et une égalité de droits, la France a détruit le germe des haines et des jalousies qui divisoient ce pays.

Les impôts se réduisent à quelques droits sur le sel et sur l'entrée des marchandises; il est vrai que les besoins de l'État ne sont pas fort étendus; il n'entretient aucune troupe réglée dans l'intérieur, et le traitement des administrateurs est fort peu considérable.

Quand on réfléchit aux suites de la guerre du Valais, on seroit tenté de croire qu'elle a été faite dans le but d'introduire, comme de force, la civilisation et la connoissance des arts dans ce pays sauvage : jusqu'alors, les Valaisans, enfermés dans leurs montagnes, ignorés du monde, dont ils désiroient ne pas attirer l'attention ; jaloux de leur obscurité, de leur ignorance, de leur pauvreté même, qu'ils croyoient nécessaire à leur bonheur, n'auroient souffert aucun changement dans leur manière d'exister, et dédaignoient les moyens d'attirer l'abondance au milieu d'eux ; des officiers de retour des pays les plus civilisés, se hâtoient, en rentrant dans leurs demeures, d'oublier ce qu'ils avoient

vu , et retrouvoient avec joie ces
mœurs simples qui avoient entouré
leurs berceaux : unies à leur sort, les
épouses fidèles qui avoient partagé
avec eux le spectacle du monde, dé-
posoient alors les vêtemens des grandes
villes, pour reprendre le simple corset
et la modeste coiffure de leurs compatriotes ; celui qui auroit voulu faire
jouir sa patrie des lumières qu'il y rap-
portoit , ou l'éblouir par l'imitation
des mœurs étrangères, auroit été ac-
cusé de porter atteinte à la liberté.
Mais tout change ; l'ancienne tranquillité s'évanouit, des troubles s'élèvent
dans l'intérieur , des étrangers pénè-
trent à main armée dans la vallée, les
habitans sont obligés de se répandre
dans les pays voisins. La paix renaît
ensuite : une route superbe s'élève au
milieu de ces montagnes ; des voyageurs la parcourent en foule ; les Va-

laisans , malgré eux , apprennent à connoître les hommes ; ils s'enrichiront sans l'avoir désiré ; leurs maisons, détruites par la guerre, seront rebâties sur des plans plus commodes et plus favorables à la santé ; leurs champs seront mieux cultivés; ils apprendront à échanger ce que leur sol fournit , contre les produits de l'industrie des pays étrangers.

Après Sierre, de hauts monticules de sable s'élèvent en cônes dans la vallée ; le lit du fleuve se couvre de petites îles verdoyantes formées par des troncs d'arbres et des sapins entraînés par le courant. A notre gauche, nous découvrons la ville de Leuck, placée sur les flancs de la montagne, et fortifiée par un antique château qui appartenoit autrefois à l'évêque. L'habillement, la figure et le langage des habitans ne sont pas moins remarquables que les pays qu'ils habitent.

A Turtmann, nous allâmes voir une cascade qui, lorsqu'il y a plu, est aussi belle que celle de *Pissevache :* un sentier étroit et glissant conduit dans un fond garni de hauts rochers qui semblent avoir été ainsi disposés pour former un amphithéâtre, autour du torrent qui se précipite en grande masse, avec un bruit majestueux.

Le bourg de Viège, situé à l'entrée des vallées de Sass et de Saint-Nicolas, s'étend sur la rivière qui en descend ; deux églises d'une architecture remarquable, dans la partie la plus élevée du village, se dessinent sur les montagnes que domine le Mont-Rose. Nous arrivâmes à Viège un dimanche : le son grave des cantiques allemands retentissoit dans ces bâtimens gothiques, ornés de figures bizarres ; sur le cimetière s'élevoient des tas d'os et de crânes rangés avec soin ; après le service divin , les femmes se retirent dans leurs demeures ; les hommes , assis devant leurs portes, jouissent en silence du repos.

Après Viège, on trouve de grandes prairies marécageuses; des bergers et des bergères abandonnant leurs troupeaux, entrent dans les marais, s'y enfoncent jusqu'à la ceinture, en retirent des paquets de chanvre, qu'on y fait rouir, les secouent, les replongent et vont les laver dans un ruisseau : la vue d'un pareil travail désabuseroit ceux qui croient trouver encore dans les campagnes ces Tircis et ces Chloés, chantés par Gessner et Fontenelle. Hélas ! s'il en existe encore, ce n'est pas dans le Valais qu'il les faut chercher.

Nous atteignons le fond de la vallée; elle s'élargit à son extrémité , et se

couvre de verdure ; la ville de Brigg
et ses tours surmontées d'énormes
globes de fer-blanc, paroissent aux
pieds des Glaciers, au milieu des
prairies, des bois et des bosquets. A
gauche, le joli village de Naters ; le
Rhône, qui l'arrose, descend des sommités de la Fourche et des sombres
vallées de l'Axe. A droite, on aperçoit
déjà les premiers travaux du Simplon,
le beau pont construit sur la Saltine :
le chemin qui s'élève insensiblement,
perce les sombres forêts de sapin.

Nous venons de traverser la vallée
du Rhône, qui forme la partie la plus
considérable du Valais. Nous avons
donné à Sion, Saint-Maurice et Brigg
le nom de ville : ceux qui ne connoissent pas celles de la Suisse, et qui sont
accoutumés à entendre parler de la
vie dissipée des villes qu'on oppose à
la tranquillité des campagnes, pour-

roient se faire une idée bien fausse
du Valais. Sion, Saint-Maurice, Brigg,
ne sont habités que par un peuple
d'agriculteurs, ce qui ne peut être
autrement dans un pays où il n'y a
pas de commerce ; le bruit des chars
rustiques y remplace celui des voitures ; tous les matins, sur la grande
place, la trompe du berger se fait
entendre ; les habitans ouvrent leurs
étables, les troupeaux se rassemblent ;
de notre auberge, nous les voyions
revenir le soir en grand nombre : le
bruit des cloches, les bêlemens, l'empressement de ces citadins, dont l'af-
faire la plus importante est le soin de
leurs troupeaux, donnent à la capitale
l'aspect d'un village.

Outre ce mouvement champêtre qui
existe dans tous les bourgs du Valais,
les principaux ont un aspect qui leur
est propre et qui laisse des impressions,

L'entrée pittoresque de Saint-Maurice, les rochers qui surplombent, cet ermitage placé dans un lieu que les aigles seuls semblent pouvoir atteindre, le couvent fondé pour rappeler l'héroïsme de la légion thébéenne, les peintures de l'église qui retracent son intrépidité, les sons harmonieux des orgues qui la célèbrent, tout cela a un caractère original : on se transporte dans les temps de la primitive église.

Les vieux châteaux qui commandent Sion, les ruines qui l'entourent, rappellent les temps de la féodalité, l'influence que les évêques exerçoient dans le pays.

A Brigg, on n'est plus resserré par de hauts rochers ; la température y est moins brûlante que dans le reste de la vallée ; on y respire plus aisément. Ces couvens, ces églises, ces grands édifices, ces tours surmontées de globes de fer-blanc qui réfléchissent les rayons du soleil , rappellent les descriptions que les voyageurs font des villes de l'Orient.

Le Valais renferme des vallées qui , quoique moins connues que celles du Rhône , n'en sont que plus intéressantes ; telles sont celles de Sass , de Saint-Nicolas et d'Aniviers : les hautes montagnes qui les forment renferment des minéraux précieux ; les fleurs qui les tapissent y attirent des insectes et des papillons de toute espèce : le spectacle d'une nature sauvage y contraste avec celui de l'industrie et du travail ; l'on voit des pentes escarpées de rochers, couvertes de champs et de prairies ; des villages sont placés dans des lieux qui de loin semblent inaccessibles ; de petits oratoires, des églises s'élèvent à côté des Glaciers, et l'on entend en même temps le son des

cloches et le bruit effrayant des avalanches. L'air vif et pur de ces lieux
élevés rend aux habitans toute leur
énergie, et fait disparoître ces mala-
dies, cette langueur, cette inertie répandues dans les vallées basses. Enfin
le tableau de mœurs simples ajoute à
l'intérêt qu'inspirent ces montagnes ;
les étrangers sont trop rares dans ces
villages écartés, pour qu'il y ait des
auberges ; mais chaque habitant s'em-
presse de leur offrir sa demeure : le
voyageur s'assied à une table frugale,
entre le maître et le domestique, et il
a peine à faire accepter le prix de
cette précieuse hospitalité. J. J. Rousseau a tracé un tableau trop intéressant de ces contrées, pour qu'il soit
permis désormais de traiter avec détail un pareil sujet. Ces montagnes ont
donné naissance à un homme connu
par son zèle pour la réformation, et

par ses connoissances dans les langues anciennes.

Thomas Plater naquit en 1469, à Grechen, dans le dizain de Viége, de parens très-pauvres. Dans son enfance, il gardoit des chèvres : son troupeau s'étant un jour enfui, il le suivit, et marcha une partie de la nuit sans pouvoir l'atteindre ; excédé de fatigue, il se coucha sur l'herbe et céda au sommeil ; à son réveil, il s'aperçut qu'il dormoit sur le bord d'un précipice, et qu'un pas de plus auroit fini sa vie. La crainte qu'il avoit de son maître l'engagea à quitter le Valais et à se joindre à une société d'étudians ambulans : la qualité d'homme de lettres n'étoit pas, à ce qu'il paroît, aussi relevée qu'elle l'est aujourd'hui ; les étudians des universités d'Allemagne parcouroient les différentes villes en demandant l'aumône ; mais

craignant de rabaisser et leur personne
et leur état, ils avoient à leurs ordres
des enfans qui excitoient pour eux la
charité des passans ; c'est pour l'hum-
ble condition de domestique d'un
mendiant que Plater quitta son troupeau de chèvres : il ne recevoit de
salaire qu'une chétive nourriture ; las
d'une association aussi peu avantageuse, il quitte ses compagnons et se
rend en Alsace, où il fait ses pre-
mières études : la réputation de My-
conius l'attire à Zurich ; il se lie avec
Zwingle, et lui est utile dans le grand
ouvrage de la réformation ; entraîné
par l'amour de l'étude, le jeune Valaisan apprend le grec et l'hébreu,
et consacre à l'achat d'une Bible hé-
braïque une couronne (environ 6 liv.
de France), seul bien que son père
lui laisse en mourant ; forcé de gagner
son pain par le travail, il apprend le

métier de cordier chez Collinus, qui joignoit ce modeste état au titre de professeur de grec; le maître et l'apprenti travailloient tout le jour ; le soir, ils lisoient Homère et Sophocle. Plater se rend ensuite à Bâle, où il exerce sa nouvelle profession, et emploie quelques heures que lui accorde le maître qu'il sert, à donner des leçons d'hébreu; il arrivoit dans la salle d'étude avec le tablier qu'il portoit dans sa boutique : son zèle pour la réformation lui fait refuser une place avantageuse que lui offre l'évêque de Sion ; il obtient enfin une chaire de professeur de grec à Bâle, établit une librairie, fait imprimer plusieurs bons ouvrages, et laisse, après lui, deux fils qui se distinguèrent comme médecins.

Il y a des vallées encore plus sauvages que celles de Sass et de Saint-Nicolas; telle est celle qui débouche à quelque distance de Leuck : un chemin entre des rochers élevés, long de six lieues, rendu souvent impraticable par les pluies et les neiges, conduit à un village qui ne communique avec la Suisse que par un glacier fréquenté des seuls chasseurs de chamois ; aussi les habitans de Lonza, qui trouvent chez eux ce qui est nécessaire à leur existence, mais qui n'ont point de superflu à porter à leurs voisins, demeurent-ils enfermés et séparés du monde entier ; le langage, l'habillement du voyageur qui pénètre dans ce pays perdu, excitent une surprise générale, et il ressent le même étonnement qu'il voit se peindre sur tous les visages.

L'on peut se faire une idée de la simplicité des mœurs de cette peuplade ignorée : les moindres commodités de la vie y sont étrangères; mais

on n'y connoît point non plus les embarras qui naissent de la civilisation :
les noms d'*acte* et de *contrat* n'ont
jamais été prononcés chez un peuple
qui ne sait pas lire, et des coches faites
sur un morceau de bois sont le seul
titre que le débiteur donne contre lui
à son créancier.

La vallée du Mont-Cheville a été,
le siècle passé, exposée à de cruels
bouleversemens ; les montagnes des
Diablerets qui la dominent s'écroulè-
rent, couvrirent de leurs débris la
surface d'une lieue carrée, englouti-
rent plusieurs personnes et un grand
nombre de troupeaux ; quelques pics
escarpés menacent encore ces mal-
heureuses contrées ; aussi sont-elles
inhabitées : le théâtre de l'éboulement
offre le plus triste spectacle ; des rochers énormes sont entassés confusé-
ment : des mélèzes croissent parmi

les débris des cabanes et les troncs décomposés, couverts de capillaires et
de campanules; les ruisseaux qui ar-
rosoient jadis les prairies parsemées
d'habitations, arrêtés dans leur cours,
ont formé des lacs au milieu de ces
ruines. Un berger qui conduisoit des
chèvres dans ces lieux nous montra
la place où un paysan avoit été sauvé
par un énorme rocher qui, à demi
soutenu par la montagne, couvrit sa
demeure sans l'écraser, et résista au
poids des pierres et de la terre; le
malheureux, enseveli tout vivant, se
nourrissoit de fromage, et se désalté-
roit à un petit ruisseau, que le boule-
versement de ces lieux avoit conduit
vers lui; il travailloit sans relâche à se
frayer un passage; au bout de trois
mois, il revoit enfin avec délices la
lumière du jour : pâle, décharné, trop
foible pour soutenir l'éclat du soleil,

il gagne lentement le village voisin ; on le prend pour un spectre ; la frayeur se répand partout ; on se retranche dans les maisons ; le prêtre l'inonde d'eau bénite, et ce n'est qu'avec bien de la peine que l'infortuné obtient d'être compté parmi les vivans.

Si je ne craignois pas de faire de trop longues digressions, je vous parlerois de cette maison hospitalière, l'habitation la plus élevée du nouveau continent, demeure de quelques ecclésiastiques qui y vivent au milieu des privations, dans une atmosphère qui n'est jamais tempérée : la diminution des neiges dans les environs du Saint-Bernard, y annonce l'approche de la canicule : le soir, dans les mois de juillet et d'août, l'air y est toujours glacé ; les plus beaux jours de l'année y apportent peu de changemens, ils passent, sans laisser de traces, dans

des lieux où l'on ne voit aucune végétation, pas un arbre, pas un buisson,
pas même assez de terre pour ensevelir les religieux qui meurent dans
cet affreux climat, et dont les corps
restent long-temps exposés à l'air,
avant d'être décomposés : les chamois
sont les seuls habitans des cimes voisines; quelques pinçons de neige par-
tagent l'exil des religieux et trouvent
un asile dans le couvent. La fondation
de cet hospice date de l'an 962; il fut
construit par St. Bernard, qui en fut
le premier prévôt : cet antique et vé-
nérable bâtiment est placé dans une
gorge qui le met à l'abri des avalanches; à côté de l'édifice est un
petit lac dont les eaux, dominées par
des rochers couverts de neiges, ont
une teinte sombre; sur ses bords sont
taillés dans le roc des sentiers, par
lesquels on voit arriver les longues

files de mulets qui, pendant trois mois de l'année, apportent de la Val-d'Aoste et de différentes vallées les bois et les provisions nécessaires à l'hospice, où un très - grand nombre de passagers reçoivent l'hospitalité. En automne, les communications deviennent difficiles et ne tardent pas à être interrompues; les voyageurs disparoissent; les religieux, pendant les jours sombres et les longues nuits d'un hiver du pôle, restent séparés du monde : on entend tomber les avalanches et les vents se déchaîner contre les murs de cette maison, qui retentit des chants sacrés de ces pieux solitaires, toujours prêts à secourir les malheureux égarés dans les neiges.

Les bains d'eau minérale de Leuck, sur les limites du Valais et du canton de Berne, attirent chaque année un grand nombre d'étrangers; des chaumières, dans une prairie entourée des hauts rochers de la Gemmi, forment le village, auquel on n'arrive que par un chemin difficile ; ce hameau, qui ne semble, au premier coup-d'œil, qu'une réunion de ces demeures champêtres, refuges des bergers des Alpes, et qui, pendant l'hiver, est abandonné sous les neiges, rassemble dans la belle saison des étrangers de toutes les nations et de tous les rangs. La source, qui doit rendre la santé à tant d'individus, coule dans un grand bâtiment dont elle remplit la partie postérieure, divisée en quatre carrés ; chacun de ces carrés peut contenir un grand nombre de malades, qui, vêtus de robes de flanelle, s'y placent à côté les uns des autres ; comme on y passe une partie de la journée, on s'y établit commodément, on y lit, on y fait la conversation, on y donne des fêtes ; les fleurs prennent dans les eaux une fraîcheur plus vive et un nouveau parfum : chaque baigneur a devant lui une petite table flottante ; de bonne heure , ces tables se couvrent des déjeuners ; ces légers bâti-mens, couverts de cargaisons de café, de thé, de gâteaux , vont aborder devant celui auquel ils sont adressés ; à l'arrivée du courrier, les lettres et les papiers, distribués dans le bâti-ment, y apportent des nouvelles des différentes parties de l'Europe ; à onze heures, on quitte le bain , on aban-donne le modeste uniforme des eaux ; et ceux qu'on avoit vus confondus dans la même enceinte, reparoissent habillés, chacun suivant sa fortune et la mode de son pays ; aux petits cha-peaux des Valaisannes, se mêlent les parures plus élégantes des habitantes des grandes villes ; on forme des grou-

pes qui parcourent les prairies , s'as-
seient à l'ombre des bois , ou qui
escaladent les rochers ; l'heure de
rentrer dans le bain ramène au bâtiment ces troupes errantes : le soir,
on se réunit ; quelquefois on donne
des fêtes. J'ai vu l'évêque de Sion
officier dans la petite église de Leuck ;
la musique de sa chapelle, répétée par
les rochers, produisoit un effet so-
lennel dans cette vallée sauvage. A la
fin de septembre, les étrangers partent ; ils se séparent souvent pour ne
plus se revoir, et au commencement
de l'hiver, ce village si animé est de-
venu désert.

Il est temps de s'arrêter, Monsieur ;
je m'aperçois que cette lettre dépasse
les bornes ordinaires : vous trouverez
de plus grands détails sur le Valais dans
l'ouvrage intéressant de M. Echasse-
riaux : ce pays, peu étendu, renferme

des curiosités naturelles de tout genre ; l'histoire de cette contrée, le tableau de ses productions et des mœurs de ses habitans, ne seroient pas indignes de la plume d'un auteur exercé. Des voyageurs parcourent les mers ou s'enfoncent dans des continens éloignés, pour rapporter, au prix de mille fatigues et de grands dangers, des détails sur des peuples qui nous sont indifférens, et nous négligeons de faire des recherches sur une nation qui nous avoisine et qui mériteroit, à plus d'un titre, notre attention.

LETTRE III.

Nous voici, Monsieur, au pied du Simplon : on ne pouvoit autrefois traverser cette montagne qu'à pied ou à mulet ; quelques années ont suffi pour la rendre praticable aux voitures, par une pente douce et un chemin plus uni qu'on n'en trouve souvent aux environs des grandes villes.

De Glyss à Domo-d'Ossola, route que l'on fait en quatorze ou quinze heures, on compte vingt-deux ponts et sept galeries taillées dans le roc : l'affluence des passagers qui traversent le Simplon a déjà fait renaître l'abondance dans le dizain de Brigg, qui avoit plus souffert de la guerre que les autres parties du Valais : quoique les voyageurs aillent ordinairement loger à Brigg, la route ne passe pas par cette ville ; elle aboutit à Glyss, village à quelque distance, devant une église fort ornée. Cette église fut enrichie par George de Supersax, natif de Glyss. On voyoit autrefois dans une des chapelles, une peinture représentant George de Supersax avec son épouse, ses douze fils et ses onze filles : l'inscription qui y étoit jointe me paroît remarquable par sa simplicité.

En l'honneur de Sainte Anne ,

George de Supersax , Chevalier,

A fondé cette chapelle l'an de grâce 1519,

A élevé un autel et l'a enrichi

En reconnoissance des vingt-trois enfans

que son épouse Marguerite lui a donnés.

Le premier ouvrage remarquable est le beau pont sur la Saltine, un des plus grands de toute la route; il n'a qu'une seule arche, faite en bois, comme celle de tous les grands ponts: c'est le mélèze qu'on emploie pour ces constructions; ce bois dure plus que le sapin : le pont sur la Saltine est le seul qui soit couvert; on l'a construit ainsi, afin de garantir de la pluie la charpente de l'arche.

La route, en s'élevant, laisse à sa gauche une chapelle placée sur le flanc de la montagne, et plusieurs petits oratoires bâtis sur le chemin qui y conduit; ces chapelles sont assez communes dans le Valais : là, lorsque le pays est affligé de quelque fléau, se dirigent de longues processions; le laboureur vient y demander de la pluie pour son champ; le berger, la cessation du mal qui attaque ses bestiaux : le temple où se réunissent tant de vœux, s'élève à côté du champ desséché par la chaleur, au milieu du pâturage dans lequel les troupeaux languissent, non loin de l'avalanche qui a tout renversé sur son passage.

Le Valaisan est naturellement religieux. « Des ermitages, dit M. Echas-
» seriaux, des ossuaires, des chapelles
» taillées dans le roc et répandues
» au pied, sur le flanc et au sommet
» des monts, attestent quel est le
» génie de ce peuple : on plante, dans
» cette contrée, une croix devant les
» énormes débris de la montagne qui
» s'est écroulée ; on plante une croix
» devant le torrent qui menace de
» dévastation.......... La maison
» du citoyen est pauvre, l'église du
» hameau est toujours richement dé-
» corée, etc. »

Il est affligeant de penser que la piété du Valaisan est peut – être due au peu de liaison qui existe entre son pays et le reste du monde ; et lorsque nous accusions ce peuple d'être demeuré bien en arrière pour les lumières et la civilisation, ne devions-nous pas, au contraire, le féliciter de n'avoir pas suivi la triste marche des autres nations vers l'indifférence des sentimens religieux !

Le passage du Simplon est situé entre de hautes montagnes ; l'ancien chemin, tracé dans le fond de la vallée, étoit obligé de suivre les inégalités du terrain, et descendoit pour remonter ensuite ; le nouveau, placé sur les montagnes de la gauche, a une inclinaison fort douce ; dans plusieurs parties, elle n'est que de deux pouces par toise, jamais plus de six ; quelquefois elle garde le niveau : nous nous élevons doucement, tantôt jouissant de la vue de la vallée, tantôt cheminant à l'ombre d'épaisses forêts ; d'immenses sapins déracinés s'appuient dans leur chute sur les cimes de leurs voisins, et les courbent vers la terre ; la route est partout large de vingt-quatre pieds ; du côté de la montagne, sont des canaux qui reçoivent l'eau qui en sort ; du côté du précipice, l'on a construit de jolies barrières de mélèze ; mais comme on a été obligé de soutenir la route par une chaussée en plusieurs endroits, on a élevé alors le mur au-dessus du chemin jusqu'à hauteur d'appui. Le terrain n'étant pas encore assis, des avalanches de terre et de pierres ont traversé la route dans différentes parties, et ont renversé ces petits murs ; on les a remplacés par des bornes plates, taillées en lames tranchantes, qui, en coupant l'avalanche, pussent ne pas être emportées par elle ; on a eu soin de placer à de certains intervalles des perches hautes de dix pieds, pour désigner le chemin, lorsque les neiges empêchent de le distinguer du précipice ; quelquefois ces perches elles-mêmes en sont entièrement couvertes. A la fin de l'hiver, la route est exposée à des dégradations qui causent de grands frais ; les terrains qui ne sont pas soutenus par des arbres, et qui sont coupés sous un angle de plus de 45 degrés, sont sujets à s'ébouler ; mais ces éboulemens deviennent moins considérables toutes les années.

Pour conserver la légère inclinaison de la route, on a été obligé de lui faire suivre de longs contours ; elle se fléchit selon toutes les sinuosités de la montagne, et va chercher au fond d'une vallée le pont de *Ganter :* quelques pas avant d'arriver à ce pont, on traverse la première galerie ; c'est une des moins grandes ; elle est percée

dans une partie de la montagne formée de morceaux de rochers unis
ensemble par de la terre glaise ; cette
terre, quand il a plu, devient glis-
sante ; les rochers s'en détachent et
rendent le passage dangereux : on
nous montra un bloc tombé le printemps précédent, lorsque des ingénieurs étoient à peu de distance ; aussi
est-on déterminé à retrancher cette
galerie * ; le pont de Ganter est situé
près d'une gorge où deux torrens se
réunissent, dans un lieu exposé à de
fréquentes avalanches ; le pont, construit avec beaucoup d'art, en est à
l'abri ; son architecture élégante fait
un joli effet au milieu des sapins qui
l'entourent.

D'aussi grands ouvrages ont toujours droit de nous étonner ; mais ne

* Elle a été, en effet, détruite.

doivent-ils pas surtout exciter notre admiration, dans les montagnes, dans ces lieux où les droits d'habitation de l'homme sont toujours incertains ? des avalanches de neige , des débris de rochers viennent souvent couvrir ses travaux, quelquefois l'ensevelir lui-même , et lui apprendre que ce sol qu'il veut s'approprier se refuse à son empire ; l'hiver enfin lui reprend ce qu'il croit avoir gagné sur les neiges et les frimas, et le chasse dans les vallées les plus basses; aussi n'habite-t-il point ces lieux comme un propriétaire, mais comme un usufruitier qui, d'un moment à l'autre, peut être dépouillé de sa possession; il n'y élève que de simples cabanes ; de foibles barrières entourent ses champs; le plus souvent il se contente de parcourir la montagne avec ses troupeaux, et campe plutôt qu'il n'habite dans les lieux qu'il abandonnera au premier signal ; et c'est à côté de ces foibles ouvrages, qu'un instant peut détruire, que l'on a construit une route qui doit résister à la fureur des orages et à la durée du temps : elle semble se jouer des obstacles, et défier la nature ; elle passe d'une montagne à une autre, s'enfonce sous les rochers, comble les précipices, se replie sur elle - même dans des détours gracieux et arrondis, et conduit le voyageur par une pente douce près des Glaciers, et au-dessus des nuages.

Nous nous arrêtâmes, pour faire rafraîchir nos chevaux, au chalet de Berenzaal, situé à peu de distance du pont de Ganter : ce chalet est habité par une famille de Saint-Maurice ; le mari a une inspection sur les ouvriers qui travaillent à la route ; sa femme et sa fille reçoivent les voyageurs ; elles

nous accueillirent fort bien : tandis
que nous faisions notre repas dans l'intérieur de la cabane , un passager et
sa femme achevoient le leur , sur le
gazon ; ils revenoient des bords du
lac Majeur , où ils étoient allés cueil-
lir des branches de laurier qu'ils portoient à Fribourg en Suisse , où leurs
marchandises étoient, disoient-ils, fort
recherchées pour relever le goût des
mets, et pour servir d'ornement dans
les fêtes ; leur ambition étoit de
vendre cinq écus, à Fribourg, ce qui
leur avoit coûté dix sous en Italie :
pour obtenir ce petit gain, ils avoient
entrepris une course de trente jours :
leur manière de voyager n'étoit pas
coûteuse ; ils ne faisoient qu'une seule
halte dans la journée , et prenoient
pour toute nourriture une soupe qu'ils
préparoient eux-mêmes dans le chemin : le soir , ils demandoient l'abri à

un paysan, qui, lorsqu'ils arrivoient à
une heure favorable, partageoit quelquefois son souper avec eux ; le matin, ils payoient cette hospitalité d'une
branche de laurier de la valeur de deux
sous ; et c'est ainsi, disoient-ils, qu'ils
se faisoient de bons amis sur toute la
route ; la bouteille de vin qu'ils avoient
bue au chalet étoit une douceur qu'ils
s'accordoient pour pouvoir supporter
les fatigues de la montagne.

Ce chalet appartient au baron de
Stockalper, qui a de grandes propriétés dans le Valais : on dit qu'un de
ses ancêtres, possesseur d'une fortune
considérable , ayant fait construire
des bâtimens sur différentes collines,
éveilla les soupçons de ses compatriotes , fort jaloux de leur indépen-
dance ; ceux-ci le condamnèrent à
perdre une partie de ses biens ; le
baron de Stockalper eut recours à

l'adresse ; il fit enfouir des sommes au-dessous de l'autel sur lequel on lui avoit ordonné de déposer sa fortune, et jura que tout ce qu'il possédoit étoit sous la main qu'il élevoit sur l'autel : je ne sais s'il faut accorder une croyance entière à ce fait qu'on m'a raconté, mais on peut le présumer vrai, d'après une coutume autrefois en usage dans le Valais. Lorsqu'un particulier devenoit trop puissant, on exposoit aux regards du peuple une masse de bois, où tous ceux qui vouloient se liguer contre celui qui inspiroit des craintes, venoient enfoncer un clou.

' La forme de cette masse fut changée dans la suite ; on lui donna celle de la figure humaine, et on en ornoit la tête de plumes de coq : les hommes qui avoient à cœur de soutenir les droits de leur patrie portoient cette

espèce de statue dans un lieu public ;
ils l'entouroient en lui faisant des ques-
tions, et voyant qu'elle restoit muette,
ils nommoient quelqu'un pour être
l'organe de sa volonté ; lorsque celui-
ci l'avoit fait connoître , le plus élo-
quent de la troupe exhortoit le peuple
à conserver ses anciennes coutumes
et à défendre la liberté publique ; on
fixoit le jour de l'exécution , et si le
malheureux contre lequel l'orage se
préparoit n'avoit soin d'apaiser la fureur de ceux qui se liguoient contre
lui , ou ne se mettoit en état de leur
résister par la force, il étoit obligé de
fuir et de laisser ses possessions à la
merci d'un peuple furieux, qui, ayant
à sa tête la masse, signal du désordre,
pénétroit dans sa demeure, pilloit et
détruisoit tous ses biens. Le premier
usage que l'on fit de la masse fut contre
la famille de Rarogne qui s'étoit arrogé

la toute-puissance, et qui opprimoit le peuple : cette coutume, qui avoit d'abord pour but de défendre les droits de la liberté, dégénéra et ne servit plus que des haines particulières, ou l'avidité de quelques factieux ; aussi peu-à-peu tomba-t-elle en désuétude.

La situation de ce chalet est agréable, et la vie de ceux qui l'habitent doit être fort douce dans la belle saison. Dès la fin de l'automne, le Simplon se couvre de neiges ; les orages les entassent et rendent le passage dangereux ; les bergers des campagnes voisines se retirent dans la plaine ; la famille de Bérenzaal reste seule sur la montagne ; un flambeau de mélèze résineux l'éclaire pendant les longues soirées : souvent, lorsque les neiges empêchent de distinguer le chemin, et que le vent souffle avec violence, un pauvre passager accablé de fatigue vient frapper à la porte du chalet, et bénit le toit qui le met à l'abri du froid et de l'orage ; un riche voyageur s'estime heureux de trouver une place près du feu, entre un journalier et une famille de paysans. Des hommes que leur fortune comme leur patrie plaçoient à une grande distance, qui ne s'étoient jamais vus, qui ne doivent plus se revoir, se réunissent avec familiarité vers le même foyer ; plus d'une fois la cabane protectrice a entendu les récits d'un seigneur qui se rend du nord au midi de l'Europe, avec le détail des avantures d'un marchand allant de village en village.

La galerie de Schalbet, que l'on traverse après celle de Ganter, est longue d'environ 100 pieds ; elle est remarquable par sa situation : d'un côté, l'on aperçoit la route que l'on vient de parcourir, une petite partie de la vallée du Rhône et les Glaciers de la Suisse ; à l'autre extrémité de la galerie, on suit le chemin jusqu'au sommet du Simplon, que dominent le Rosboden et la chaîne méridionale des Alpes ; au-dessous de Schalbet, sont situées les deux maisons appelées Tavernettes, où les voyageurs qui suivoient l'ancienne route s'arrêtoient pour se rafraîchir.

Nous parvenons à la hauteur à laquelle les arbres diminuent, languissent et cessent enfin de végéter ; ces arbres sont remplacés par le rhododendron, qui brave les froids les plus vifs, et se trouve sur les rochers escarpés à côté des glaces ; son bois entretient le feu des chalets éloignés des forêts, et l'éclat de sa fleur, appelée la rose des Alpes, récrée les yeux du voyageur qu'attriste la vue monotone des Glaciers et des rochers stériles,

Les Hautes-Alpes sont remarquables par la beauté des gazons qui les tapisent ; les gentianes bleues, les saxifrages, le carnillet moussier à fleurs roses, s'élèvent sur les montagnes à mesure que les glaces se fondent, semblent reculer et suivre les frimas jusque sur les sommités, communiquent leur parfum au lait des troupeaux qui s'en nourrissent, et forment un tissu qui, brillant encore des teintes les plus vives, disparoît sous les neiges de l'automne.

Au-dessus de Schalbet étoit située la demeure de M. Polonceau, long-temps chargé de la direction des travaux sous l'inspection de M. Ceard, aux talens duquel on est redevable de cette belle route.

Devant la cabane où habitoit M. Polonceau, l'on voyoit une fontaine, un petit pavillon chinois, une

volière remplie de serins, de bou-
vreuils, de chardonnerets, de linottes
de montagne ; ces oiseaux, retenus
seulement par un réseau, vivoient
heureux parmi les sapins qui croissoient dans leur demeure ; ce pavillon,
cette fontaine, ces arbres que déjà la
rareté de l'air arrêtoit dans leur crois-
sance, et qui, dans ces lieux stériles,
pouvoient être regardés comme un
produit de l'art, formoient un contraste frappant avec les sommités dé-
pouillées, avec les neiges qui, seules,
en interrompoient l'uniformité. M. Polonceau, occupé de travaux importans,
au milieu d'une nature sauvage, et
d'une foule d'hommes grossiers qui
se révoltoient souvent, avoit su se
procurer des jouissances dont un autre
n'auroit pas eu la liberté d'esprit nécessaire pour profiter : on dit que les
ouvriers, irrités du retard de leur paie-

ment, pénétrèrent une nuit de force dans sa demeure, voulant attenter à sa vie , et que son absence seule les empêcha de consommer leur dessein. M. Polonceau , toujours en danger , conservoit assez de douceur et de calme pour que les soins d'une petite volière et que la culture difficile de quelques toises de terrain lui rendissent la sérénité.

Je n'ai point vu M. Polonceau lors de mon passage , mais je tiens ces détails de voyageurs de mes amis qu'il avoit reçus dans son habitation champêtre , de la manière la plus aimable.

La partie de la route située entre la galerie de Schalbet et celle des Glaciers est dangereuse ; on y est exposé à des coups de vent d'une violence extrême : la galerie des Glaciers est souvent obstruée de neige. Elle

est située à peu de distance du point
le plus élevé de la route où l'on
doit construire l'hospice ; c'est là que
l'ancien chemin se réunit au nouveau ;
il abrège de deux lieues, et on le fait
suivre aux mulets qui ne sont pas
chargés.

La partie du Simplon que nous
venons de parcourir nous offrit un
beau spectacle quinze jours après, lors
de notre retour de Milan ; la neige
tombée les jours précédens couvroit
le sommet de la montagne et les parties de la route exposées au nord ;
le chemin étoit glissant ; trois chevaux
attachés derrière notre voiture tom-
bèrent et furent traînés quelque temps
avant que le cocher s'en aperçût : nous
trouvâmes les parois de la galerie ornées de colonnes de glace ; des aiguilles brillantes en forme de stalac-
tites pendoient à la voûte ; la cascade

qui jaillit à la sortie couloit sur un
lit de glace ; les neiges se mêloient
à la sombre verdure des sapins, et
descendoient jusque dans les prairies ;
un beau soleil répandant une température douce sur toute la montagne,
rappeloit les beaux jours du printemps
à des voyageurs qui marchoient entourés de frimas.

A notre premier passage, nous n'a-
vions rencontré que quelques ouvriers
occupés à équarrir des bois, et une
jeune fille qui, assise sur un rocher
solitaire, à côté de son chien, faisoit
retentir les échos de ses chants : lors
de notre retour, les bergers, chassés
des sommités par le froid, étoient
venus habiter une partie moins élevée
de la montagne ; là, chaque prairie
étoit animée par la présence d'un troupeau, et le grelot de la chèvre se faisoit
entendre du milieu des broussailles :

cette vie que l'automne donne à la campagne étoit répandue sur toute notre route ; nous descendons avec rapidité ; nous atteignons la galerie de Schalbet ; nous revoyons le chalet de Bérenzaal, la bonne femme qui l'habite et sa jolie petite fille.

De la route, comme d'un magnifique belvéder, nous voyons se développer une immense perspective : à une grande profondeur au-dessous de nous, coule la Saltine ; semblable à un fil d'argent, elle serpente au milieu des prairies et des cabanes ; un grand nombre d'habitations champêtres s'élèvent en amphithéâtre sur le flanc de la montagne ; quelques-unes sont placées au milieu d'un pâturage, d'autres derrière un bois, et ne se font remarquer que par la colonne de fumée qui s'élève au-dessus des arbres ; aux noirs sapins, vient se mêler la verdure

des mélèzes , d'un feuillage plus clair,
et celle des bouleaux déjà jaunis par
l'automne ; des pinçons sautillent en
chantant sur les troncs dépouillés ; des
chèvres effrayées par notre voiture
fuient en bondissant devant elle , s'arrêtent à quelque distance , mesurent
la profondeur du précipice , repren-
nent leur course , s'élancent sur la
hauteur, et avancent leurs têtes au-
dessus des rochers pour contempler
en sûreté l'objet de leur terreur. Nous
découvrons à nos pieds la vallée du
Rhône et les clochers éclatans de
Brigg : je n'oublierai jamais cette journée, où l'aspect d'une nature sauvage
et riante en même temps , me fit
éprouver les plus douces jouissances.
Un pareil spectacle, il faut l'avouer,
est bien supérieur à celui des ouvrages
de l'art les plus parfaits, de celui même
que nous avions sous les yeux : les

ouvrages de l'art ne sont grands que
par la petitesse de ceux qui les ont
construits. En les admirant, nous di-
sons : Que d'années ! que d'hommes
ont été employés à ces immenses travaux ! Mais le spectacle de hautes
montagnes , de sombres forêts , de
rians paysages, est beau par lui-même;
les limites de la puissance de leur auteur nous sont inconnues.

Le spectacle de la nature remplit
l'esprit d'images riantes qui abrègent
la route du voyageur ; il marche entouré de tableaux séduisans que son
imagination anime et embellit encore :
ce bonheur que faisoient naître en
nous la vue d'un ciel d'azur, un air pur
rafraîchi par mille cascades, embaumé
par les fleurs qui s'épanouissoient à
côté des neiges, nous le placions dans
chaque cabane répandue sur la route,
dans le cœur de chaque berger que

nous rencontrions ; pour nous , la montagne n'étoit peuplée que d'êtres heureux : la vue des neiges qui s'accumuloient sur les sommités, celle des feuilles qui commençoient à tomber des forêts, ne devoient-elles pas rendre ces instans plus précieux encore aux habitans du Simplon, en les avertissant qu'il falloit profiter de ces beaux jours qui bientôt alloient finir ?

LETTRE IV,

MONSIEUR,

LE chemin par lequel nous allons pénétrer en Italie, est bien différent de la route riante qui nous a fait atteindre le sommet du Simplon : une vue étendue, des demeures champêtres, de nombreux habitans embellissoient ces travaux, si dignes de notre admiration ; aujourd'hui, la sombre vallée de Gondo ne nous présentera que des lieux déserts et des rochers arides ; mais si la nature a été avare de ses dons pour cette partie de la montagne, l'art y atteint son plus haut point de perfection.

La partie la plus élevée du Simplon est une plaine triste et sauvage, dominée par de hautes montagnes d'où

pendent plusieurs glaciers ; l'on voit
dans l'éloignement quelques cabanes,
demeures des ouvriers qui préparent
des matériaux pour le nouvel hospice,
dont on jétera bientôt les fondemens.
Ce bâtiment aura 60 mètres de longueur , sur 20 de largeur ; il aura
trois étages et sera desservi par quinze
personnes, tant chanoines que domestiques : on a affecté pour les
dépenses de cette maison, des fonds
de terre en Italie, dont les revenus
doivent s'élever à 20,000 francs. Le
couvent du Simplon sera toujours dans
la dépendance de celui du Saint-Bernard; c'est à ce dernier que les comptes
seront rendus et que se feront les no-
viciats; l'hospitalité et le dévouement
des ecclésiastiques qui l'habitent, ser-
viront de modèle à ceux du Simplon.

M. Dalève, chef du nouveau couvent, en attendant que l'édifice soit

construit, habite, avec un de ses confrères, un bâtiment appartenant à M. de Stockalper, situé à peu de distance du point le plus élevé.

Ce bâtiment, d'une structure singulière, haut de cinq ou six étages, est placé dans un fond sans arbres, sans vue, dominé par des pics stériles et couverts de neige : on dit que les propriétaires y envoyoient leurs enfans pour les préserver de l'influence malsaine de l'air de la plaine ; on y reçoit maintenant les pauvres passagers, auxquels on distribue du vin, de la soupe et de la viande ; on les accompagne dans les mauvais temps, mais de tous les bons offices qu'on leur rend, ce dernier est celui qu'ils prisent le moins : ils montrent peu d'empressement à sortir d'une maison où on les traite si bien.

On arrive au village de Simplon

deux heures après avoir quitté le sommet de la montagne : ce village est situé dans le fond d'une vallée sauvage, près d'un torrent écumeux bordé de mélèzes; les maisons, d'une construction grossière, sont bâties en pierre ; les lichens qui les tapissent leur donnent un aspect jaunâtre : près d'elles sont de petits jardins où croissent quelques plantes; mais on ne voit point s'élever au milieu de ce village, comme dans ceux situés sous une température plus douce, ces beaux arbres qui répandent leur ombre et leurs fruits sur chaque cabane. Le froid que nous ressentons en arrivant à Simplon, la hauteur des rochers qui cachent le soleil long-temps avant la fin de sa course, nous inspirent un sentiment de compassion pour ces hommes qui passent dans un hiver rigoureux plus de la moitié de leur vie, et qui sont condamnés à ne jamais jouir des bienfaits d'une nature riante et fertile.

Nous nous entretînmes long-temps avec le curé de Simplon, qui nous donna quelques détails sur ses paroissiens : quoique leur situation ne semble pas brillante, ils sont tous à leur aise ; l'été, ils s'occupent de leurs troupeaux et de leurs prairies ; l'hiver, le transport des marchandises et le déblaiement des chemins leur fournissent une occupation assez lucrative ; le passage des étrangers leur est avantageux , quoiqu'ils soient obligés d'aller chercher presque toutes leurs provisions en Italie ou en Valais : les pommes de terre et d'autres légumes ne peuvent parvenir à leur maturité sous un climat si rigoureux.

Le tableau que le curé nous fit de sa vie d'hiver nous parut fort triste ; il se plaignoit amèrement de la rigueur du froid , qui altéroit sa santé ; les neiges s'élevoient souvent jusqu'au premier étage de sa maison, et l'on étoit obligé de creuser un chemin dans la neige pour atteindre la porte de l'église : ses plaisirs se bornoient à la société de quelques amis. Le peu d'élévation des appartemens, la petitesse des fenêtres, qu'on n'ouvre jamais dans la saison rigoureuse , les fourneaux de pierre , entretiennent dans l'intérieur des maisons une assez bonne température : à notre arrivée, il faisoit déjà froid; comme on n'étoit pas encore censé en hiver, les fourneaux n'étoient point allumés ; le feu de la cuisine étoit assiégé par des passagers que l'hôtesse, gênée dans ses opérations, repoussoit avec humeur : nous ne savions où nous réfugier.

A peu de distance de Simplon, le chemin , se repliant sur lui - même, conduit à la galerie d'Algaby, longue de 220 pieds. La Doveria coule à droite, à travers mille débris de rochers : la chaise de poste d'un Italien qui a passé la nuit dans l'auberge de Simplon , nous dévance ; nous la voyons descendre, en suivant les détours de la route, paroître et disparoître tour-à-tour , enfin s'enfoncer dans la galerie ; nous y pénétrons ensuite, et nous découvrons un pays nouveau.

D'immenses rochers qui s'élèvent tristement au-dessus de nos têtes, ne laissent de place qu'au chemin et au torrent qui roule avec fracas au fond de la vallée ; les arbres et les cabanes ont disparu, les travaux seuls de la route apprennent que les hommes ont pénétré dans ce lieu. Près de la galerie, on travaille à un édifice destiné à abriter les voyageurs surpris par l'orage, et à servir d'habitation aux ouvriers qui déblaient le chemin ; les voitures pourront se loger dans la cour : il y aura plusieurs édifices semblables sur la route ; les habitans de celui d'Algaby seront condamnés à vivre plusieurs mois de l'année sans voir le soleil, que de hautes montagnes leur dérobent. On est étonné de trouver dans cet endroit un bâtiment si considérable ; mais son architecture triste est conforme aux sentimens que fait naître la solitude de ces lieux.

A mesure que nous avançons, nous voyons les montagnes se rapprocher : la vallée est si resserrée, qu'avant les derniers travaux, un roc détaché des sommités étoit resté suspendu au-dessus du chemin ; la route passe d'une des rives à l'autre ; elle est entièrement taillée dans le rocher : le ciel, en harmonie avec le pays que nous parcourons , se couvre d'un voile sombre ; nous arrivons à la grande galerie , ouvrage le plus étonnant de tous ceux du Simplon.

Une énorme masse de rocher fermoit le chemin ; il a fallu la percer : la route s'enfonce dans la montagne ; cette superbe galerie, longue de 200 mètres, est taillée toute entière dans le granit ; deux grandes ouvertures, faites pour laisser pénétrer le jour, suffisent à peine à l'éclairer ; le bruit des pas des chevaux et des roues de la voiture , retentit sous ses voûtes sonores : à l'extrémité, un pont est jeté sur un torrent dont les eaux blanches se détachent sur l'obscure issue de la galerie.

L'art et la nature semblent avoir voulu rassembler dans un même lieu tout ce qui est propre à frapper l'imagination : à côté du rocher que l'on a percé, la Doveria, qui couloit avec fracas parmi des blocs énormes, se précipite en bouillonnant dans un gouffre dont on ne peut apercevoir le fond : pour jouir de la vue de cette chute, il faut faire quelques pas dans l'ancien chemin sur la rive opposée.

La grande galerie est le résultat d'un travail constant de dix-huit mois ; on a attaqué les rochers non-seulement du côté du Valais et de celui d'Italie, mais encore par les deux ouvertures qui présentent chacune deux faces ; six ouvriers attachés à chacune de ces faces ouvroient le roc à coups de pique, et faisoient place à six autres toutes les huit heures : de cette manière, l'ouvrage n'étoit interrompu ni jour ni nuit ; il a absorbé une immense quantité de poudre : nous nous représentons ce que devoit éprouver

le voyageur ou l'habitant des villages
voisins que le hasard conduisoit de
nuit dans ces lieux, cheminant dans
une vallée déserte ; tout-à-coup le
bruit du ciseau vient se mêler à celui
du torrent ; des hommes suspendus
aux rochers les minent à la lueur des
flambeaux, et le fracas des explosions
de la poudre fait retentir les échos
multipliés de ces montagnes. Je pense
que dans le premier poème épique,
l'auteur introduira son héros aux en-
fers par la vallée de Gondo.

On s'est contenté de graver pour
toute inscription, aux parois de la
galerie, ces mots : *Ære Italo*, 1805.
Il étoit en effet superflu de vanter la
grandeur du travail ou de parler de
celui qui l'a ordonné : les obscurs
auteurs d'ouvrages médiocres sont
intéressés à rappeler leur existence,
mais il ne sera jamais nécessaire

d'apprendre à la postérité le nom de celui qui a conçu le plan et fait exécuter l'ensemble de cette étonnante route.

Nous vîmes sortir de la galerie M. Dalève, chef du nouvel hospice; il alloit faire en Italie la provision de vin et de grains de l'établissement : cet homme respectable a passé vingt-neuf ans au grand Saint-Bernard ; il habite l'hospice du Simplon depuis le commencement des travaux ; il nous donna quelques détails sur la route.

. C'étoit un spectacle curieux , de traverser la montagne quand elle étoit animée par une foule d'ouvriers ; on les voyoit monter sur les rochers les plus escarpés avec une agilité surprenante , au moyen d'une échelle, qu'ils tiroient après eux quand ils étoient arrivés au sommet, et qu'ils appuyoient ensuite successivement sur les autres rochers qu'ils vouloient gravir ; ils descendoient de la même manière.

Le travail des mines est dangereux : on perce le rocher avec un pieu de fer, puis on enfonce jusqu'au fond une grosse aiguille ; on remplit ensuite le trou de poudre, que l'on presse avec beaucoup de force : l'aiguille est destinée à faire une place pour la mèche, et à ménager du jeu dans l'intérieur ; quand tout est prêt, on fait une longue traînée de poudre, et on l'allume en s'éloignant à l'instant ; quelquefois l'explosion a eu lieu trop tôt, et a causé des accidens graves : les ouvriers n'emploient la nouvelle méthode, qui consiste à couvrir le trou de la mine avec du sable, au lieu d'y enfoncer un tampon, que quand il s'agit de faire sauter des rochers isolés où l'on n'a pas besoin d'une grande force. Le marteau qui frappe le tampon faisant quelquefois jaillir des étincelles du rocher, on évite par le nouveau procédé, le danger d'une explosion subite.

Nous voyons enfin des habitations; deux ou trois maisons forment le triste village de Gondo; au milieu, s'élève l'auberge appartenant aux barons de Stockalper, remarquable par l'architecture bizarre des bâtimens qu'ils possèdent sur la route, et que la grande quantité de neige qui s'entasse dans ces vallées les a engagés à adopter; ses huit étages, ses petites fenêtres grillées, sa triste situation lui donnent plus l'air d'une prison que de la demeure d'hommes libres. Nous y trouvâmes un ménage de paysans, et un cordonnier de Monthey, qui avoit quitté ce village au commencement du printemps, et qui parcouroit le pays en exerçant son industrie; il nous pria de donner, à notre retour, de ses nouvelles à sa femme, qui ignoroit où il étoit allé. Nous abandonnâmes la maison, froide et humide, et vînmes sur un banc jouir d'un rayon de soleil qui pénétroit par une ouverture des rochers opposés ; au - dessous de la route, l'on voyoit deux petits jardins entourés de murs, où croissoient avec peine quelques légumes ; un torrent descendoit en nappe blanche sur le rocher vis-à-vis, à travers les sapins et les noyers déjà dépouillés ; près de là, étoit un ossuaire où les habitans de Gondo avoient rangé avec soin les os et les crânes de leurs ancêtres.

Le village de Gondo appartient encore au Valais ; on y parle cependant italien ; à trois quarts de lieue, on trouve celui d'Yeselle, le premier du royaume d'Italie ; il paroît aussi misérable que Gondo ; on n'y voit rien qui annonce la brillante contrée dans laquelle on vient d'entrer.

Avant de perdre de vue le Valais, permettez-moi, Monsieur, de jeter sur ce pays un dernier coup-d'œil. Il produit, à l'exception du sel, toutes les choses nécessaires à la vie : on y recueille des grains, du chanvre ; la grande quantité de pâturages permet d'y élever beaucoup de troupeaux. Pendant l'hiver, chaque habitant file la laine produite par la tonte de ses brebis, en fabrique ces draps grossiers, d'une couleur brunâtre, dont s'habillent les paysans ; avec le chanvre il fait de la toile, et s'il en a au-delà des besoins de sa famille, il change son superflu contre du sel qu'il tire de France.

C'est ainsi que les Valaisans suppléent aux manufactures, qui font, dit-on, la richesse d'un pays, mais dont le résultat est moins le bien général que celui de quelques individus. On trouve dans le Valais des mines assez riches de cuivre et de fer; il y en a même d'or dans la vallée de Gondo, que l'on exploite.

Les prairies sont la principale richesse des Valaisans; la Drance et la Viège entraînent une marne qui fertilise les terres qu'elles arrosent : si on conduisoit ces rivières au milieu des marais, il seroit possible de les dessécher; l'irrigation est assez bien entendue en Valais; des ruisseaux traversent les hameaux, ornent les chemins, mettent en mouvement des moulins de différentes espèces, viennent se rendre en fontaines dans des bassins de bois, et se perdent ensuite dans les prés. Les habitans des hautes vallées prennent beaucoup de peine pour se procurer des sources; ils vont les chercher

fort loin, les dirigent dans des aqueducs de pierre ou dans des canaux de
bois; l'eau est répandue par filets sur
les pentes de rochers que l'on veut
rendre fertiles, et chaque propriétaire
en obtient à proportion des peines
qu'il s'est données pour la conduire.

Les Valaisans sont généralement
bons; les crimes sont rares parmi eux:
ils ne connoissent pas l'amour des richesses, cause de tant de désordres;
ils sont obligeans : notre voiture étant
un jour embourbée, des paysans qui
nous virent dans l'embarras vinrent
d'eux-mêmes nous aider, et s'en alloient sans attendre ni remercîmens,
ni récompense. Le Valais ne présente
point le triste contraste de la misère
et de l'opulence ; une égale médio-
crité est répandue sur un peuple qui
tire toutes ses ressources de l'agricul-
ture, qui, à la suite d'un fléau, tombe

quelquefois dans un dénûment total,
et qui, après la moisson, se trouve
dans l'abondance : les fortunes sont
peu sujettes à des vicissitudes ; les
banqueroutes sont fort rares, l'argent
n'est pas commun ; le paysan, dès qu'il
en a, le consacre à l'achat d'un champ ;
aussi le terrain est-il fort cher : le Valaisan ne va point chercher la fortune
hors de son pays ; le service militaire
peut seul l'engager à quitter sa patrie.

Pendant l'été de 1799, le Simplon
fut successivement occupé par les
Français et les Autrichiens, qui se
disputèrent ce passage.

Voici une anecdote qu'Ebel raconte à ce sujet. En mai 1800, on
envoya le général *Béthencourt*, à la
tête d'une colonne de 1000 hommes,
tant Français que Suisses, avec ordre
de passer le Simplon et d'occuper le
pas de Yeselle ; des chutes de neige et

de rochers avoient emporté un pont ;
le chemin se trouvoit interrompu par
un abîme de 60 pieds de largeur. Un
volontaire plein d'intrépidité s'offrit
de tenter l'entreprise la plus hasar-
deuse ; il entra dans les trous de la
paroi latérale qui servoient aupara-
vant à recevoir les poutres du pont,
et en passant ainsi d'une ouverture à
l'autre , il arriva heureusement sur
l'autre bord du précipice ; une corde
qu'il avoit apportée fut fixée à hauteur
d'appui des deux côtés du rocher. Le
général *Béthencourt* passa le second,
en se suspendant à la corde tendue
au-dessus de l'abîme ; les mille soldats
le suivirent, chargés de leurs armes et
de leurs havre-sacs. En mémoire de
cette action hardie, on a gravé dans
le roc les noms des officiers qui les
commandoient : cinq chiens étoient
à la suite de ce bataillon ; lorsque le

dernier homme eut franchi le pas, ces pauvres animaux se précipitèrent tous à la fois dans l'abîme ; trois d'entre eux furent entraînés à l'instant par les eaux impétueuses du torrent ; les deux autres eurent la force de lutter contre le courant, et, parvenus sur la rive opposée, ils atteignirent le haut du précipice, où ils arrivèrent tout sanglans aux pieds de leurs maîtres.

La galerie que l'on traverse après Yeselle, est la plus petite de toutes, et mérite à peine ce nom : l'aspect de la route continue à être sauvage ; les fréquentes chutes de la *Doveria* et les cascades formées par les torrens qui viennent s'y rendre, étonnent le voyageur ; l'on voit adossées aux rochers, ou creusées dans leur intérieur, de petites huttes où logeoient les ouvriers ; elles servent aujourd'hui d'abri à de grands troupeaux de chèvres et à leurs conducteurs, seuls habitans de ces lieux : la beauté des ouvrages est encore plus remarquable dans cette partie de la route que partout ailleurs; les chaussées sont ordinairement faites de murs dont les pierres ne sont point liées par un ciment, et qui laissent filtrer l'eau de la montagne : on rencontre plusieurs ponts; je me contenterai d'en citer un, construit tout en pierre avec une élégante simplicité, situé à l'entrée d'une vallée au fond de laquelle est le village de Cherasqua.

A quelque distance d'Yeselle, les rochers, qui jusque-là s'élevoient à pic, s'écartent à l'Est, et forment un amphithéâtre; au milieu des prairies parsemées de châtaigniers qui tapissent ce vallon, l'on voit le village de Dovredo; des vignes qui croissent devant chaque demeure s'élèvent jusque sur les toits, et font d'une maison un massif de verdure ; cet heureux coin de terre produit un effet d'autant plus agréable , que bientôt les rochers se rapprochent , et que la route reprend un aspect triste et sauvage. On passe devant un pont remarquable par la convexité de sa voûte, placé près d'un autre pont détruit , dont les piliers reposoient sur d'énormes blocs au milieu de la rivière , et dont les restes sont maintenant cachés par les arbrisseaux qui croissent alentour.

Nous étions las de cheminer dans cette sombre vallée, qui d'abord nous avoit frappés par son aspect imposant, mais dont la monotonie devenoit fatigante ; une galerie se présente encore sur notre route ; bientôt les rochers s'écartent et laissent apercevoir la riante plaine de Domo ; le magnifique pont de Crevola, jeté d'une montagne à l'autre, ferme la vallée ; il est formé

de deux arches en bois soutenues par
un pilier remarquable par sa beauté
et sa solidité : c'est le dernier des
travaux du Simplon.

Sur les bords de la rivière, on voit
un village qui s'abaisse aux pieds du
voyageur, et qui disparoît presque en
entier sous les vignes et les plantes
grimpantes qui le couvrent ; un petit
pont formé de planches vacillantes,
sert encore à relever la hauteur et la
régularité de celui sur lequel nous
passons avec rapidité : on est étonné
d'avoir un même nom à donner à
cette hardie construction qui ouvre
le passage des Alpes, et à un ouvrage
fragile qui réunit les habitans d'un
petit village.

La situation du pont de Crevola
nous offre un contraste d'un autre
genre : d'un côté, nous apercevons
la sombre vallée d'où nous sortons,

et la rivière qui coule encaissée dans
de hauts rochers ; de l'autre , nous
découvrons de vastes prairies om-
bragées de beaux chênes qu'arrose la
Toccia ; la plaine de Domo se couvre
de plantes nouvelles ; les collines et
les montagnes éloignées présentent
sur leurs flancs des édifices d'une architecture élégante. Voilà donc enfin
l'Italie , telle qu'on nous l'avoit dé-
peinte !

La petite ville de Domo-d'Ossola
est peuplée et commerçante ; on y
voit d'anciens couvens ; celui qui appartenoit aux Jésuites est de marbre
noir et blanc : les maisons sont assez
bien bâties, elles sont ornées de peintures. Une foire est établie dans la
ville ; la place est couverte de boutiques : du sucre, du café, de la can-
nelle, rassemblés en tas sur des tables,
parfument l'air et excitent l'envie des

passans ; des femmes portent, à l'extrémité d'une perche, des fleurs faites
de papier doré et de plumes peintes
dont elles détachent de petits bouquets pour les acheteurs ; toute la
ville est en mouvement. Aux dames
vêtues avec élégance, on voit se mêler
les paysannes dans leur costume bizarre : elles portent des bas rouges ;
un mouchoir de coton ou de soie
couvre leur tête ; leurs cheveux, attachés derrière, sont retenus par une
épingle d'argent ; leur corset de brocart est à demi caché par un mantelet
flottant : plus loin, des capucins, des
religieux de différens ordres marchent
à l'écart ; quelques masques grotesques
parcourent les rues ; des joueurs de
gobelet annoncent au son du fifre et
du tambour la grande représentation
du soir ; la cloche se fait entendre ; la
foule se dirige vers l'église pour assister au service divin.

Les environs de la ville sont plantés de vignes qui, soutenues par de petits piliers de granit, s'élèvent en treille à la hauteur de 6 ou 7 pieds; en cheminant à l'ombre sous ces berceaux, nous arrivâmes près de la rivière, bordée de pâturages, où paissoient des troupeaux.

Nous montâmes sur une colline qui domine la ville et que l'on nomme le *Calvaire*; sur la route, s'élèvent de distance en distance de jolies chapelles en rotonde, dans chacune desquelles des figures de grandeur humaine représentent un des derniers traits de la vie de notre Seigneur; ces chapelles forment des stations devant lesquelles les pénitens viennent s'agenouiller et réciter des prières. Du haut de cette colline, on découvre la fertile vallée de *Domo*, longue de six lieues, sur une de largeur.

Nous nous promenâmes assez tard dans la soirée ; les environs de la ville étoient animés par le bruit des paysans qui se retiroient, et par celui des habitans assis devant leurs demeures ; l'air étoit de la plus grande douceur ; on voyoit s'élever dans le ciel ces teintes rougeâtres que l'on ne connoît chez nous que dans les mois de juillet et d'août : nous trouvions au-delà des Alpes ces beaux jours d'été qui avoient cessé depuis long - temps dans notre pays , déjà refroidi par l'automne.

Nous n'avions fait que quelques pas en Italie, et nous voyions déjà naître les goûts et les mœurs qui caractérisent ce pays : l'amour des beaux-arts se manifestoit dans ces peintures et ces sculptures grossières, mais répandues avec abondance aux environs d'une petite ville ; des instrumens et des chants harmonieux s'étoient fait entendre ; l'élégant habillement des femmes, leurs beaux yeux noirs nous avoient frappés : il est vrai que sous ces rapports nous n'avions pas été gâtés dans les commencemens de notre voyage, et les premiers signes de l'esprit et de la vivacité des Italiens devoient faire une grande impression sur celui qui venoit de parcourir lentement le Valais et les déserts de Gondo.

LETTRE V.

Jusqu'a présent je ne vous ai parlé que superficiellement des ouvrages du Simplon. Le voyageur qui admire la route qui le conduit sans fatigue au-delà des Alpes, n'a souvent pas les connoissances nécessaires pour l'apprécier à sa juste valeur, et pour rendre compte des travaux qu'elle a demandés. Voici un morceau extrait de l'ouvrage de M. Courtin, secrétaire-général de la direction des ponts et chaussées, qui vous donnera des détails qui me manquoient.

« La reconnoissance du passage des Alpes par le Simplon, entre Brigg et Domo-d'Ossola, fut faite par le général Turreau, M. Ceard, inspecteur divisionnaire, un officier de génie et quelques ingénieurs des ponts et chaussées.

» Les principaux points du passage ayant été arrêtés, le directeur-général des ponts et chaussées chargea M. Ceard de prendre la conduite des travaux, et de diriger la route en la développant par des pentes praticables.

» Après avoir examiné les sites, les expositions et les difficultés à éviter ou à vaincre, on fit un premier tracé jusqu'aux sommités où la neige permit d'atteindre, et ensuite un second pour arriver au col.

» Du côté du Valais, ce tracé suit le flanc de la montagne exposé au midi, et laisse à la droite le torrent de la Saltine jusqu'au col.

» Du côté du royaume d'Italie, on entre par la gorge de la Doveria, longeant à sa gauche le torrent de ce nom, et le tracé suivoit le flanc de

la montagne exposé au midi jusqu'a-
près la limite des deux états ; de ce
point, on fut forcé par le local de
passer le torrent, et de se porter sur
le flanc exposé au nord, dans une
longueur peu étendue, pour arriver
au Simplon. Les deux tracés se joi-
gnoient au col sur le flanc exposé au
midi.

» Le col, élevé de 1028 toises 4
pieds 2 pouces 4 lignes au-dessus du
niveau de la mer, présentoit de grandes
difficultés pour établir la route sur les
flancs de rochers à pic, dont les contours, nombreux, difficiles, les pentes
escarpées permettoient à peine aux
mulets de s'y soutenir.

» Ces développemens, bien étudiés
par les ingénieurs, et dont les pentes
les plus fortes ne sont que de 6 pouces
par toise dans les endroits forcés par
la nature des sites, furent approuvés

tant par le général que par l'inspecteur Ceard.

» Les plans ensuite présentés le 25 germinal an 11 par ce dernier, furent approuvés par le conseil des ponts et chaussées et le directeur-général, pour toute la traversée du Simplon, sur 17 lieues de longeur entre Glitz et Domo-d'Ossola, ainsi que les projets généraux de toute la partie de route par la rive gauche du lac de Genève, et au-dessous, entre Évian et Glitz, sur 29 lieues de longueur.

» Quant à la partie de route vers l'Italie, entre Domo-d'Ossola et Arona, de 13 lieues de longueur, on lui fit suivre pendant 5 lieues les bords de la Toccia sur l'une et l'autre rives, et ensuite les bords du lac Majeur jusqu'à Arona ; le surplus de son parcours fut dirigé dans la plaine.

» Traversant deux fois la rivière de la Toccia, on exécuta ensuite la route d'Arona à Sesto, de 12 lieues de longueur, qui traverse le Tesin sous Sesto, pour arriver par Somma à Milan, en suivant la vieille route.

» La route de Genève à Milan a 74 lieues, qui ont été distribuées en quarante-quatre postes trois quarts.

» La route de Paris à Genève a 103 lieues ; ainsi, la longueur totale de Paris à Milan par le Simplon, est de 177 lieues.

» On ne pourroit détailler toutes les difficultés que l'on a éprouvées sur presque toutes les parties de cette route. Des rochers énormes à faire sauter, comme ceux de Meillerie ; des escarpemens à faire dans le Valais pour enfoncer la route dans le rocher, afin de la garantir des irruptions du Rhône ; des torrens à maintenir, comme celui

près du second pont de la Saltine que
l'on a forcé de quitter la route, et
que, par une percée faite dans la montagne, on a précipité dans une gorge,
sur laquelle on a construit un pont
de 107 pieds de hauteur, avec deux
culées en pierre appuyées sur les deux
montagnes qu'il a réunies ; comme
celui appelé le Torrent jaune au-
dessus de Sierres, qui, par son impétuosité, précipite des rochers énormes dans le Rhône, en suspend le
cours, le fait regonfler à une grande
distance, jusqu'à ce qu'enfin ce fleuve,
acquérant de nouvelles forces par
l'obstacle même qui lui étoit opposé,
le renverse et reprend son cours.

» Du côté de l'Italie, parmi toutes
les belles constructions, on remarque
le pont de Crevola sur la Doveria ; à
l'entrée de la plaine de Domo-d'Ossola, il est extrêmement pittoresque

et du plus grand effet ; il offre les moyens, en cas de nécessité, d'intercepter le passage d'une armée.

» Une coupure profonde dans le rocher a exigé une pile de près de 100 pieds de hauteur, en y comprenant les fondations : les deux culées appuyées sur le rocher sont de hauteurs inégales et répondent à celle de la pile ; les deux arches ont chacune 20 mètres 70 d'ouverture.

» De Fériolo à Arona, la route longe le lac, au - dessus duquel elle est élevée de 15 pieds ; un mur de soutenement presque continuel la défend du côté du lac, et est couronné par une assise de tablettes en granit ; l'escarpement du côté des terres est aussi protégé par un mur de soutenement.

» Les mesures les plus sages ont été prises pour la sûreté des voyageurs ; on a établi des maisons de cantonniers, qui pourront servir de refuge aux passagers ; des hommes seront occupés à déblayer les neiges et à quelques travaux d'entretien.

» Un hospice sera fondé au sommet du Simplon ; il servira d'asile et de lieu de repos aux voyageurs qui voudront s'y arrêter dans les momens de tourmente. Lorsque la partie qui traverse le Valais sera exécutée, la route aura coûté 9,000,000 francs à la France, sans compter ce qu'elle aura coûté au royaume d'Italie pour parvenir à sa perfection.

» Les ingénieurs qui ont fait exécuter cette belle route sous l'inspection et la direction de M. Ceard, auteur du projet, sont MM. Lescot, Houdouard, Cordier et Ponlonceau ; et dans la partie italienne, MM. Duchêne, Cournon, Maillard, et MM.

Gianella et Bossi, ingénieurs italiens.»

En sortant de Domo-d'Ossola, un chemin en droite ligne nous conduit à Villa, où l'on passe un torrent sur un beau pont ; le village se déploie à la droite, et quelques édifices s'élèvent avec élégance sur une colline boisée qui le domine ; la route traverse ensuite des terrains pierreux, où croît une herbe rare qui fournit une chétive nourriture aux troupeaux. Nous arrivons à Massone, sur les bords de la Toccia, que nous traversons dans un bac : on étoit occupé à poser les fondemens d'un pont ; plusieurs ouvriers rejetoient, avec des vans d'osier, l'eau qui pénétroit dans le creux fait pour la première culée ; cette eau étoit versée dans un second creux, d'où d'autres ouvriers la repoussoient dans la rivière : de temps en temps, ils étoient remplacés par une autre bande, et ils alloient se sécher près d'un énorme tronc d'arbre embrasé ; une foule de leurs compagnons tailloient des pierres sur le rivage : l'activité et la gaieté de cette multitude formoient un coup-d'œil très-animé.

Vis-à-vis de Massone, on voit le village de Pic-de-Mulière, où s'ouvre la vallée du Mont-Rose ; cette montagne est élevée de 2430 toises au-dessus de la mer, hauteur qui ne le cède que peu à celle du Mont-Blanc ; le Mont-Rose est composé d'une suite de pics gigantesques, presque égaux entr'eux, qui forment un vaste cirque ; cette enceinte renferme des prairies parsemées de pins et de mélèzes, au milieu desquels est situé le village de Macugnaga ; les pentes escarpées et les glaciers qui le dominent forment le second degré de l'amphithéâtre, et s'élèvent peu-à-peu jusqu'aux cimes

de la montagne : cette vallée est remarquable par la beauté de sa végétation , et plus encore par ses mines
d'or ; la pyrite qui contient le métal
se trouve dans un granit veiné ; le
capitaine Testoni , qui exploitoit ces
mines , avoit entièrement épuisé ses
ressources, et alloit être forcé d'abandonner son entreprise, lorsqu'il tomba
sur un filon dont il retira en 22 jours
189 marcs d'or pur ; depuis , il a fait
une fortune immense.

Je retourne sur les bords de la
Toccia : là, quelquefois les voyageurs
abandonnent leur voiture , prennent
un bateau et descendent la rivière jusqu'au lac Majeur. La route par terre
ne présente rien de remarquable ; on
laisse à quelque distance la carrière
de marbre blanc dont est construite la
cathédrale de Milan ; les blocs qu'on
en tire descendent la Toccia et le

Tesin , et vont se rendre à Milan , où ils sont travaillés; c'est de ce marbre que sont les statues , les ornemens répandus avec tant d'abondance dans l'église, et qui n'atteignent point encore le nombre projeté : cet édifice, commencé en 1386 par Jean Galeas de Visconti , est loin d'être achevé ; et , vu le peu de zèle qu'on mettoit à ce grand ouvrage , on pouvoit croire qu'on s'occuperoit encore à en-terminer une partie , tandis qu'une autre se dégraderoit ; mais on travaille maintenant à la façade avec activité , elle sera bientôt terminée. On voit dans l'intérieur de l'église deux belles colonnes de granit d'un seul bloc : elles ont été tirées de la carrière de Baveno, village des bords du lac Majeur : ce granit est coloré de rose ; on s'en est servi pour orner plusieurs ponts des environs. On trouve dans cette carrière des cristaux de feld-spath, que leur rareté rend précieux ; le P. Pini en a donné une description.

La forme du lac Majeur est irrégulière ; de la route que nous suivons, on ne peut découvrir que le bras où sont situées les îles Borromées ; la première qu'on aperçoit est l'*Isola Madre*, située à une demi-lieue du rivage ; elle a un mille de circuit ; une partie est occupée par des terrasses bâties les unes au-dessus des autres, tapissées d'orangers, de limoniers, de citronniers, que nous vîmes couverts de fruits : ces terrasses sont dominées par le palais, d'une architecture fort simple ; l'intérieur n'offre de remarquable qu'une petite salle de spectacle; le reste de l'île est couvert d'arbres qui s'élèvent avec grâce au-dessus des eaux et forment de charmans bois habités par une foule de faisans, de

pintades, de poules sultanes, qui voltigent sous les lauriers, les chênes
verts, les pins d'Italie, et s'envolent
avec bruit à l'approche du voyageur;
ces oiseaux n'ont pas l'aile assez forte
pour traverser le lac; ceux qui se
hasardent à ce long trajet, perdent
la vie dans les flots : tous les ans on
repeuple l'île d'une grande quantité
de faisans.

Une avenue d'ifs antiques conduit
du château aux bords du lac; là, sur
une pelouse doucement inclinée, on
jouit de la vue des rives opposées, et
des embarcations des habitans. L'Isola
Madre est garantie des vents du nord
par les montagnes voisines; les plantes
des pays chauds y trouvent une température qui leur est convenable; des
aloès, des cactus y croissent sans
culture, et tapissent de leurs larges
feuilles les rochers qui terminent l'île,

L'*Isola Bella* est plus rapprochée du rivage que l'Isola Madre ; elle est beaucoup plus ornée : le palais est habité chaque année pendant quelques semaines par la famille Borromée. On retrouve dans cette île les plantes des pays chauds, qui couvrent celles qu'on vient de quitter. Nous nous promenâmes dans des bosquets d'orangers et de lauriers, sous des berceaux de citronniers : dans la partie de l'île opposée au palais, on voit dix terrasses s'élever les unes au-dessus des autres ; la dernière est ornée de statues représentant les saisons et les élémens ; une licorne gigantesque montée par un amour les domine ; de cette terrasse, on découvre les îles voisines, les villes de Palanza, d'Intra, de Laverno, de Souna, de Sainte - Catherine, et les coteaux qui s'élèvent jusqu'aux cimes couvertes de neige du Simplon. L'Isola

Bella n'étant pas protégée par les montagnes, comme l'Isola Madre, on est obligé en hiver de la couvrir de planches, qui, s'enchâssant les unes dans les autres, mettent à l'abri les plantes délicates.

A côté de ces terrasses, on voit un petit village formé de maisons de pêcheurs, au milieu desquelles s'élève l'auberge du Dauphin, où les voyageurs trouvent des logemens. Le palais est vaste ; depuis plus d'un siècle, chaque propriétaire a coutume d'y consacrer beaucoup d'argent pour l'orner selon le goût du temps ; les appartemens et les meubles y sont de la plus grande richesse ; l'or, les glaces, les marbres les plus rares y sont prodigués ; on y voit des tableaux de Luc Jordans, du Procaccini, de Schidone, de Lebrun : plusieurs appartemens ont conservé le nom de

Tempesta, parce que cet artiste célèbre les habita quelques années et les décora de peintures : la partie la plus remarquable est un appartement souterrain, dont les colonnes, les parois et le plafond sont revêtus de mosaïques. Dans le fond sont des statues de marbre blanc : l'une d'elles représente un dauphin d'où jaillit une fontaine.

Les îles du lac Majeur n'étoient autrefois que des rochers stériles ; le comte Vitalien Borromée les acheta en 1673, les couvrit de terre, et après des travaux prodigieux, les a rendues ce qu'elles sont aujourd'hui : le palais de l'Isola Bella et toutes les terrasses sont supportés par des voûtes qu'on appelle la carcasse de l'île ; quelques voyageurs, à l'idée des frais immenses qu'a dû occasionner cette création, l'ont blâmée comme futile et ne répondant pas à tout ce qu'elle a coûté :

il seroit injuste de reprocher des dépenses de luxe à la famille Borromée,
tandis que St. Charles consacra tous
ses revenus aux pauvres, et que le
cardinal Fréderic fut le fondateur de
la bibliothèque Ambroisienne ; d'ailleurs, le comte Vitalien a fait le bien
du pays, en y attirant les voyageurs
curieux de connoître ces îles, que le
propriétaire laisse voir avec une grande
complaisance. Il est vrai que les ornemens qui décorent l'Isola Bella ne
sont plus d'un genre moderne : on
éprouve bientôt une espèce d'ennui
d'être renfermé dans ces terrasses régulières, de parcourir des bosquets
dans lesquels on ne peut s'égarer : la
petite surface de l'île est couverte de
murs qui obstruent le passage, d'es-
caliers, de statues, d'obélisques, de
jets-d'eau et de pavillons. Rousseau
dit, dans ses Confessions, qu'il avoit

long-temps pensé à faire de ces îles la
demeure de Julie ; leur aspect déli-
cieux l'avoit transporté ; mais il y
trouva trop d'art : en effet, celui qui
vouloit passer sa vie dans l'île du lac
de Bienne ne pouvoit se plaire dans
celles du lac Majeur.

Près de l'Isola Bella est l'île des
Pêcheurs, qui, par la simplicité de
ses bâtimens et par la pauvreté de
ceux qui y vivent, semble être placée
exprès pour rehausser la magnificence
de sa voisine ; elle est couverte d'habitations qui se pressent et qui laissent
à peine la place à chaque propriétaire
d'élever une treille à côté de sa demeure ; un clocher domine ce bou-
quet de maisons, qui fait, au-dessus
de l'eau, un effet assez extraordinaire :
on compte deux cents habitans sur ce
rocher, qui n'a qu'un demi-mille de
circuit. Les voyageurs qui font avec

soin la description des autres îles, oublient ordinairement celle des Pêcheurs ; ses cabanes et ses rivages couverts de filets ne se trouvent point dans les portefeuilles des peintres. Quelques détails cependant sur cette petite peuplade, qui a l'air d'être heureuse, et qui profite du peu de terrain qui lui est donné, n'auroient-ils pas de l'intérêt, et la vie du pêcheur qui, tantôt dans une nuit paisible jette ses filets et rentre le matin dans sa famille, et qui, tantôt au milieu d'un orage, jouet de l'agitation des flots, a peine à gagner le port où il attache sa nacelle, ne pourroit-elle pas présenter un tableau agréable, à côté de la magnificence des habitans des autres îles ?

L'Isola Bella et l'Isola Madre, vues du lac, font un charmant effet, et en les décorant, on a plus travaillé pour

le plaisir de ceux qui viennent les
voir, que de ceux qui les habitent;
ces voûtes régulières, ces terrasses
qui s'élèvent majestueusement au milieu du lac, ces statues qui se peignent
dans les eaux, ces arbres des pays
méridionaux qui croissent alentour,
comme si, dans ce lieu seul de toute
la contrée, les rigueurs de l'hiver
étoient inconnues, donnent à l'*Isola
Bella* quelque chose d'enchanté.

Les environs du lac Majeur présentent des tableaux rians et animés;
les montagnes qui le dominent n'of-
frent point ces formes rudes, ces dé-
chiremens que l'on voit dans le sein
des Alpes; le châtaignier, le pâle oli-
vier, la vigne qui s'élève sur les mûriers
ou qui s'arrondit en berceaux, couvrent les collines et les embellissent
par le contraste de différentes teintes
de verdure; plusieurs petites villes,

une foule de village éclatans de blancheur, des édifices remarquables par
la légèreté de leurs toits, l'élégance
et la variété de leur construction, décorent les bords du lac.

En quittant l'Isola Bella, nous en-
tendîmes les chants du peuple ras-
semblé dans l'église ; ces sons harmonieux, qui s'affoiblissoient à mesure
que nous nous éloignions, inspiroient
une douce rêverie ; la surface bleue
du lac étoit sillonnée par les bateaux
de ceux qui alloient d'une île à l'autre
et qui cherchoient à se dévancer : la
barque de la famille Borromée se faisoit remarquer par ses banderolles et
par la soie qui en garnissoit l'intérieur;
des pêcheurs jetoient leurs filets à
quelque distance du rivage. Quelle
charmante promenade pour les habitans des environs, de venir le soir des
jours d'été respirer près de ces îles le

parfum des citronniers et des orangers!

Les bateaux du lac Majeur peuvent remonter la Toccia ; ils descendent aussi le Tesin, d'où un canal les conduit à Milan ; ils y apportent du poisson, du charbon, du bois, du foin ; une grande rame placée à la poupe sert de gouvernail ; la voile est carrée ; on l'abat et on la déploie en un instant : cette promptitude est nécessaire sur le lac Majeur, sujet à de forts coups de vent ; quelquefois, sous un ciel serein, les flots sont violemment agités, et les curieux qui vont visiter les îles sont exposés à chavirer.

Le batelier qui nous conduit est un jeune homme d'une figure agréable ; il a la vivacité et la gaieté italienne ; nous le questionnons sur son pays, il nous apprend que les environs du lac ne peuvent pas nourrir tous les habitans, qu'une partie des hommes

quittent leur patrie et leur famille,
vont en France, en Espagne et jusqu'en Russie, chercher à faire fortune
en vendant quelques marchandises ;
ils reviennent avec ce qu'ils ont gagné ;
pendant leur absence, les femmes
s'occupent aux travaux de la campagne : nous en avions rencontré dans
notre route chargées d'énormes hottes
pleines de foin ; au-dessus, l'on voyoit
quelquefois un berceau où dormoit
le petit enfant qu'elles nourrissoient
encore.

« Voici, dit le batelier, en nous mon-
trant le village de Streze, une famille
qui s'est bien trouvée de ces sortes de
voyages. Au milieu du village, on
voyoit une belle maison de campagne
entourée de terrasses ; c'étoit la villa
Bolongare. M. Bolongare étoit natif
des environs du lac de Côme ; n'ayant
aucune fortune, il alla à Francfort

chez nn de ses parens, qui faisoit, avec beaucoup de succès, un commerce de tabac; il trouva un procédé avantageux pour préparer cette plante, et fit de grands gains; ayant eu quelques démêlés avec les magistrats, il établit une manufacture près de Maïence ; après sa mort, elle fut transportée à Francfort par ses héritiers, qui jouissent d'une fortune considérable.

Notre conducteur nous donne quelques détails sur la fête des bateliers, qui a lieu à Intra, sa patrie : ce jour, célèbre dans les environs, on illumine une chaloupe qui, après avoir servi à une promenade, reste à l'ancre dans le port : un autel, placé sur le rivage, est couvert de cierges ; des fusées partent de tous les côtés de la ville ; on danse une grande partie de la nuit. « Vous avez pu, Messieurs, ajoute-

» t-il, assister à bien des fêtes, mais
» je ne crois pas que vous en ayez
» beaucoup vu de plus belles que
» celle-là. »

Pendant qu'il parloit, un léger vent
s'étoit levé et enfloit notre voile. Couchés sur les bancs, nous écoutions en
silence les récits de notre guide ; les
superbes îles Borromées avoient disparu ; l'on ne voyoit plus aucun bateau sur le lac ; la lune se levoit derrière les montagnes ; une légère vapeur confondoit avec le ciel leurs
cimes bleuâtres ; nous ne pouvions
apercevoir Intra, que le batelier cher-
choit à nous faire découvrir : le léger
murmure des flots qui se brisent sur
la grève, et le bruit du rivage nous
apprennent que nous touchons au
port ; nous voyons devant nous la
petite ville de Belgirate.

L'auberge de la poste de cette ville

est la meilleure que noûs ayons trouvée dans toute notre route ; son expo-
sition est charmante ; nos chambres
vastes étoient peintes à fresque : le
temps étoit si doux, que je laissai ma
fenêtre ouverte toute la nuit ; je fus
réveillé au point du jour par le bruit
des bateliers et des pêcheurs : en
ouvrant les yeux , je vis sur ce beau
lac , blanchi la veille par les rayons
de la lune , se peindre les premiers
feux de l'aurore ; la teinte d'un rouge
vif qui couvroit les flots, se terminoit
au pied des montagnes sombres ; elle
devint toujours plus éclatante , et le
soleil parut.

Le commencement de la journée
offre un charmant spectacle à celui
qui voyage dans les montagnes ; il voit
peu - à - peu les objets prendre des
formes et des couleurs ; à l'aurore
d'un beau jour , les nuages grisâtres

qui flottoient dans les cieux se colorent d'une teinte éclatante, et font
ressortir la blancheur des Glaciers ;
quelques rayons de soleil paroissant
dans les gorges des montagnes, éclai-
rent un village, un bois, dont les
environs restent dans l'ombre : tandis
que le soir le voyageur fatigué gagne
lentement son gîte, au bruit mélanco-
lique de la cloche d'un couvent placé
dans une vallée sombre, le matin, il
voit tous les objets renaître autour de
lui ; il renaît doucement avec eux ;
rafraîchi par le repos de la nuit, ses
idées qui se présentent avec vivacité,
se ressentent du bien – être qu'il
éprouve, et revêtent cette fraîcheur
et ces teintes de rose qui sont répandues dans la nature.

Les bords du lac Majeur sont en-
caissés dans des murs d'une grande
hauteur, car les travaux de la route

ne se terminent point à la sortie
du Simplon, et l'on admire jusqu'à
Somma, village à quelques lieues
de Milan, la beauté des ponts, des
aqueducs et des autres ouvrages. Nous
voyons croître le blé de Turquie, le
panais, le millet, les figuiers qui fournissent des fruits excellens.

A Arona, nous nous arrétons
pour voir la statue colossale de Saint
Charles Borromée : ce prélat, célèbre
par ses vertus, naquit dans cette ville
en 1538, de Gilbert Borromée et de
Marguerite de Médici ; il fut destiné
à l'église dès son enfance ; à douze
ans, il fut pourvu d'une abbaye, et
réunit en peu de temps plusieurs autres
bénéfices ; son oncle, le cardinal de
Médici, ayant été créé pape sous le
nom de Pie IV, le fit, à l'âge de
vingt-un ans, cardinal, archevêque
de Milan, et lui donna l'administra-

tion des affaires pontificales ; le jeune prélat, au milieu d'une cour fastueuse, se laissa entraîner au luxe et à la magnificence, et réunit autour de lui un grand nombre de gentilshommes et de gens de lettres : la mort de son frère aîné, le comte d'Arona, qui arriva pendant son séjour à Rome, en lui rappelant la fragilité de la vie humaine, interrompit le cours de ses dissipations. Loin de renoncer à l'état ecclésiastique, comme ses parens l'en sollicitoient, il se pénétra du véritable esprit de sa vocation, et se consacra tout entier aux devoirs qu'elle lui imposoit : il donna, le premier, l'exemple de la réforme prescrite par le concile de Trente, renvoya un grand nombre de domestiques de sa maison, les remplaça par des ecclésiastiques qu'il fit élever auprès de lui ; il résigna ses bénéfices, et, contre le vœu de son

oncle, qui vouloit le retenir à Rome,
il se rendit dans son archevêché, où
il s'efforça de faire renaître dans le
clergé l'ordre et la pureté des mœurs ;
il remit en vigueur dans les couvens
les règles sévères qui peu-à-peu en
avoient été bannies, fonda des colléges
et des établissemens pour les pauvres
et pour les jeunes personnes exposées
aux dangers du monde.

La sévérité du cardinal lui attira la
haine d'un grand nombre d'ecclésiastiques ; l'ordre des Humiliés fut supprimé à son occasion.

L'Empereur Fréderic Barberousse
ayant saccagé la ville de Milan, em-
mena captifs un grand nombre d'habitans du duché, qui n'obtinrent qu'a-
près beaucoup de peine et d'humilia-
tions, de retourner dans leur pays ; en
mémoire de leur délivrance, on ins-
titua l'ordre des Humiliés, sous la

règle de Saint Benoit, avec l'habit blanc, qui est celui des Supplians ; cet ordre s'étant extrêmement enrichi, le relâchement et la corruption s'y glissèrent peu-à-peu ; les religieux s'approprioient les revenus de la communauté et les employoient à leurs plaisirs ; Pie V avoit donné une bulle qui, en condamnant leurs désordres, chargeoit le cardinal Borromée, leur protecteur, de les réformer. Le mal avoit jeté des racines trop profondes ; les religieux se lassèrent du joug qui leur étoit imposé, et regardèrent le cardinal comme leur plus grand ennemi. Lignana, prévôt d'un couvent de Verseil, engagea un des religieux, nommé Farina, à attenter à ses jours ; celui-ci lui tira un coup d'arquebuse, tandis que, réuni à ses domestiques, le prélat faisoit dans sa chapelle sa prière du soir ; la balle ne fit qu'ef-

fleurer le cardinal, qui, sans être ému
par le danger qu'il venoit de courir,
continua ses dévotions : les deux cou-
pables furent punis de mort ; l'ordre
fut supprimé.

La peste qui éclata à Milan et qui
y fit beaucoup de ravages, fournit
à ce grand homme l'occasion de dé-
ployer les plus rares vertus ; loin de
suivre la multitude des habitans qui
quittoient la ville pour se dérober à
l'influence du mal, il se consacra tout
entier à ceux qui en étoient atteints ;
il fit bâtir un lazaret, vendit, pour
fournir aux dépenses nécessaires, ses
meubles et ce qu'il possédoit de précieux, et, joignant aux soulagemens
de la charité les consolations de la
religion, il confessoit les malades et
leur donnoit le viatique de sa main.

Saint Charles, dans les dernières
années de sa vie, ne prenoit à ses re-

pas que du pain et de l'eau, auxquels il joignoit, dans de certains jours, du lait et des herbes; il auroit dû comprendre que, loin de plaire à Dieu en se soumettant à cette rigide abstinence, il étoit de son devoir de chercher à conserver une vie toute consacrée au bien des pauvres et au service de la religion. Il est probable qu'une nourriture trop chétive pour un homme d'une constitution foible et menant une vie laborieuse, hâta la fin des jours du cardinal : il fut attaqué d'un violent accès de fièvre dans une course qu'il faisoit au travers de son diocèse, et eut peine à gagner Milan, où il mourut à l'âge de quarante-six ans, après vingt-quatre ans d'épisco-pat; la nouvelle de sa mort répandit la douleur dans la ville; ses habits furent emportés par le peuple comme de précieuses reliques : le pape Paul V le canonisa en 1605.

La mémoire de Saint Charles est fort respectée dans le nord de l'Italie ; on lui a élevé une statue au milieu d'une des places de Milan, et l'on conserve son corps dans une chapelle souterraine de la cathédrale ; on le voit dans une caisse de cristal, revêtu d'habits pontificaux : sa crosse est ornée de pierres précieuses. Sous une mitre d'or et sur un coussin du même métal, est placée la tête de l'archevêque, où l'on a peine à retrouver les traits de la figure humaine. Ce n'étoit peut-être pas l'hommage le mieux choisi, que d'entourer de pierreries le squelette de celui qui, pendant sa vie, méprisoit les richesses : la vue du lazaret qu'il fit construire, et où il donna l'exemple de la charité la plus éclairée et la mieux soutenue, me semble plus propre à inspirer toute la vénération dont il est digne.

Le colosse de St. Charles est placé
sur une colline qui domine Arona ; le
cardinal y est représenté en habit de
simple religieux ; d'une main il tient
un bréviaire, de l'autre il bénit sa ville
natale : cette statue a 66 pieds d'élévation , et le piédestal de granit sur
lequel elle repose en a 46 ; elle est
si bien proportionnée, qu'au premier
aspect, on ne se fait pas une juste idée
de sa grandeur ; la tête , les pieds et
les mains sont de bronze fondu ; le
reste est de cuivre en lames fort
épaisses ; au-dedans est une masse de
grosses pierres destinées à donner de
la solidité à ce colosse. On y a pra-
tiqué un escalier par lequel on peut
monter jusqu'à la tête ; cette statue
est l'ouvrage de Siro Zanella de Pavie,
et de Bernard de Falcono de Lugano ;
elle fut élevée en 1697 aux frais des
habitans des environs et de la famille

Borromée : le cardinal Caccia, archevêque de Milan, en fit l'inauguration
le 10 mai 1698 *. C'est un monument
intéressant que celui qui semble mettre
tout un pays sous la protection de
l'homme célèbre par ses vertus qui
y a pris naissance.

La famille Borromée est également
distinguée par son ancienneté, son
opulence et le mérite des hommes
qu'elle a produits ; elle a fourni plusieurs cardinaux à l'église romaine.

A quelques lieues d'Arona, on traverse sur un bac le Tesin à sa sortie
du lac Majeur ; la ville de Sesto s'é-
tend sur les bords de la rive opposée,
et se peint dans les eaux du fleuve ;
une petite île de verdure sépare les

---

* Amoretti Viaggio ai tre laghi.
*Dominici Macanci Verbani lacûs des-
criptio.*

flots et encadre les cimes des Glaciers qui s'élèvent dans le lointain. Notre voiture, des troupeaux, des paysannes chargées de foin, remplissent le bac ; de petits bateaux de pêcheurs suivent ses traces et se hasardent à traverser le fleuve ; des barques pesantes qui sortent du lac Majeur descendent le Tesin et vont porter à Milan le charbon ou le marbre dont elles sont chargées ; une autre y conduit des voyageurs : un capucin assis à la proue contraste, par son visage sévère et ses vêtemens d'une teinte sombre, avec les robes blanches et les figures gaies des femmes qui font le même trajet ; les rives sont animées par ceux qui débarquent et par ceux qui attendent le moment de partir.

En sortant de Sesto, on entre dans les plaines de la Lombardie ; aucune montagne n'y borne l'horizon ; de vastes champs de maïs, de panais, de millet, bordent le chemin, et ne sont entrecoupés que par des treilles et des plantations de mûriers blancs. On traverse plusieurs petites villes, Somma, Galerata, Castellanza : nous nous écartons du chemin pour visiter Leinate , maison de campagne du marquis de Litta, remarquable par la beauté des jardins et par celle des bains ornés de mosaïques.

Deux heures après avoir quitté Leinate , on aperçoit les murs de Milan ; on arrive dans la ville par une large avenue plantée de tulipiers , terminée par un arc de triomphe de marbre blanc.

Quand on a long-temps voyagé dans les campagnes, ne traversant que des bourgs et des hameaux, l'entrée d'une grande ville inspire toujours un léger sentiment de tristesse ; ces longues rues, ces édifices, ces voitures forment un spectacle si différent des rians villages et des champs tranquilles qu'on vient de quitter.

Sur la route, on abordoit un paysan, il répondoit avec plaisir; bientôt on étoit ami : mais dans ce tumulte, tout vous est étranger, on est étranger et indifférent à tout le monde; et plus la foule qui vous presse est considérable, plus on se sent isolé; chacun court à ses affaires, vous n'en avez point; vous cherchez des objets d'intérêt, et ceux que l'on présente à la curiosité bannale des voyageurs, sont peut-être sans attrait pour vous dans ce moment, où la rencontre d'un ami, d'une simple connoissance, seroit plus précieuse que le plus beau monument.

Dans une auberge de village, le maître, flatté de loger des hôtes considérables pour lui, met toute sa maison en mouvement ; tandis qu'on prépare le souper, assis sur un banc, entouré de quelques habitans de l'endroit qui vous donnent des détails sur la contrée et ses productions , vous voyez les cultivateurs et les troupeaux se retirer dans leurs demeures.

Dans la bruyante auberge d'une grande ville , au bruit d'une voiture qui entre sous la porte-cochère , la cloche du portier se fait entendre avec violence ; les domestiques se répondent d'étage en étage , ils accourent ; les porte-faix, les femmes, tous les oisifs de la maison , se pressent autour de vous ; ils se disputent vos effets ; le maître se présente à la portière et vous conduit avec un sourire gracieux, dans votre appartement, le plus souvent mal placé ; ce n'est que le lendemain que vous pourrez en avoir un sur la belle vue : ici, l'empressement finit ; d'autres voyageurs arrivent, on vous oublie ; en vain vous demandez les choses qui vous sont absolument nécessaires. *Subito, subito,* vous répond-on en Italie, ce qui veut dire *pas de très-long-temps,* et vous restez ignoré dans votre retraite, jusqu'à ce qu'un domestique de place vienne vous en tirer.

Peu-à-peu cependant on se familiarise avec le mouvement d'une grande ville, et les objets intéressans qu'elle renferme donnent des plaisirs d'un nouveau genre. Nous admirons à Milan la grandeur des places, du forum ; de l'amphithéâtre, où, comme chez les Anciens, on célèbre des jeux et qu'on inonde pour des naumachies. Milan, situé dans les riches plaines de la Lombardie, est entouré de villages et de métairies ; ces plaines, si fameuses dans l'histoire, si souvent disputées , sont terminées par les chaînes blanches des Alpes que domine le Mont-Rose. Nous prenons une idée des mœurs italiennes; le soir, un grand nombre de voitures vont et reviennent sur le cours, plusieurs se dirigent à l'opéra ; cette salle superbe frappe par sa grandeur ; sous son immense voûte, on respire librement, et on jouit sans gêne et sans fatigue, de la musique italienne : les rues sont remplies , les boutiques sont illuminées, les cafés sont ouverts, des tentes s'avancent dans la place ; nous contemplons la masse imposante de la cathédrale; ses mille pointes bizarrement sculptées se dessinent sur l'azur du ciel; la statue qui domine l'édifice semble perdue dans les airs.

Je m'arrête ici , Monsieur. Vous trouverez beaucoup de guides instruits et exacts qui vous conduiront dans cette belle ville : ne comptez sur moi que quand il s'agit de parcourir les champs. J'aimerois que la description de mon voyage pût vous donner envie de l'entreprendre : deux cités intéressantes, une route qui fera l'admiration de la postérité, doivent y engager l'amateur des beaux-arts. Les ombrages épais des bords du lac de Genève, la vallée du Rhône qui réunit différens climats, les solitudes de Gondo, la riante Italie, présenteront à l'homme qui aime la nature, des objets différents, remarquables chacun en son genre : dans l'espace de quelques lieues, il verra aux huttes des Valaisans, succéder le palais des Borromée; aux montagnes couvertes de neige, les bosquets de myrtes et d'orangers.

F I N.

ÉTAT DES POSTES

DE LA ROUTE

DE GENÈVE A MILAN.

(Extrait du LIVRE DES POSTES 1814.)

	POSTES.
GENÈVE à Dovaine . .	2 et demie.
Dovaine à Thonon	2
Thonon à Evian	1 et demie.
Evian à Saint-Gingoux . .	2 et demie.
Saint-Gingoux à Vionnaz.	2 et un quart.
Vionnaz à Saint-Maurice.	2 et un quart.
Saint-Maurice à Martigny.	2 et un quart.
Martigny à Riddes	2 et un quart.
Riddes à SION. . . . . . . -	2 et un quart.
SION à Sierre	2 et un quart.
Sierre à Tourtemagne . . .	2 et un quart.
Tourtemagne à Viège . .	2 et un quart.
Viège à Glise *ou* Brigue.	1 et demie.

28 POSTES.

PASSAGE DU SIMPLON.

De Brigue à Ganter ou Berisaal , et de Ganter ou
Berisaal au Simplon , et réciproquement, il
sera payé par poste un cheval de renfort pour

les chars à banc, cabriolets, chaises et limo-
nières à un fond; et deux chevaux de renfort
pour les berlines, voitures à timon et limo-
nières à deux fonds égaux.

TOTAL des postes de GENÈVE
    à Glise *ou* Brigue. . 28 POSTES.
De Glise *ou* Brigue à Berisaal. . 3
    Berisaal au SIMPLON . . 3
    SIMPLON à Iselle . . . . . . 1 et demie.
    Iselle à Domo-Dossola . 2 et demie.
    Domo-Dossola à Vogogna 1 et un quart.
    Vogogna à Bavino . . . 2
    Bavino à Belgirate . . . 1
    Belgirate à Cesto-Calende 1 et demie.
    Cesto-Calende à Cascina. 2
    Cascina à Rho . . . . . 1 et demie.
    Rho à Milan . . . . . . 1 et un quart.

TOTAL DES POSTES DE GENÈVE
    A MILAN . . . 48 et demie.

TABLE.

Fin de la Table.

www.ingramcontent.com/pod-product-compliance
Ingram Content Group UK Ltd.
Pitfield, Milton Keynes, MK11 3LW, UK
UKHW021927070726
13614UKWH00001B/287